Kunstmeditation ¡PhunrahR8

Kurz
PhunrahR oder P8

Ausgesprochen
Phunrahr-Acht oder
¡-Phunrahr-Acht
(wobei das gesprochene ¡ eigentlich ein
spanisches Ausrufezeichen ist)

¡PhunrahR ist Kunst
und sollte auch in diesem Kontext gelesen,
gesehen und praktiziert werden

Bei dem vorliegenden Band handelt es sich explizit nicht um ein wissenschaftlich-akademisches Werk. Ungeachtet der Auswertung einer Vielzahl von bekannten geschichtlichen Quellen, und deren Interpretationen zur Erschaffung logischer kausaler geschichtlicher Zusammenhänge bei der historischen Entwicklung von ¡PhunrahR8, liegt hier in erster Linie eine rein künstlerisch-kreative Arbeit vor, für deren Erstellung lediglich eine Vielzahl intensivster ¡PhunrahR8-Meditationseinheiten erforderlich war.

Kurzes Vorwort

Dies ist das erste Werk, das sich eingehend mit dem Thema ¡PhunrahR8 beschäftigt. Das vorliegende Buch gibt einen guten Überblick über die denkbare historische Entwicklung und Einordnung dieser speziellen Meditationstechnik, über grundlegende Techniken und Anwendungsgebiete sowie über sonstige interessante Themen rund um ¡PhunrahR8.

Das Buch erhebt keinen Anspruch auf Vollständigkeit und kann, trotz einer akribischen Überarbeitung, durchaus vereinzelt sprachliche und logische Fehler unterschiedlichster Natur aufweisen.

Ich bitte diese „noch zu bereinigenden Schwachstellen", die das Lesevergnügen eigentlich nicht beeinträchtigen sollten, zu entschuldigen. Sie sind dem Umstand geschuldet, dass leider keine Zeit zu einer weiteren Überarbeitung zur Verfügung stand und an den in dem Werk aufgeführten Anleitungen und Informationen bereits ein starkes und ständig wachsendes öffentliches Interesse bestand. Das Buch war bereits lange schon überfällig, und da sich immer mehr Menschen mit ¡PhunrahR8 beschäftigen, zu Meditationsgruppen zusammenfinden und der Ruf nach mehr Informationen und klaren Anleitungen immer lauter wurde, musste das Werk zu diesem Zeitpunkt und in der vorliegenden Version auf den Markt.

Selbstverständlich kann man auch auf die überarbeitete Version oder weitere Bücher zu dieser außergewöhnlichen Meditationstechnik warten. Besser ist es jedoch, sich so früh wie möglich mit dem Thema zu beschäftigen, um bei der Weckung der kreativen Kräfte keine Zeit zu verlieren.

Warum erst morgen kreativ werden, wenn es heute schon möglich ist? Lerne und praktiziere ¡PhunrahR8 jetzt!

Wer dieses Buch aufmerksam gelesen hat, versteht ¡PhunrahR8 grundlegend und kann die Meditationstechnik zum eigenen Wohlergehen einsetzen, um damit selbst ein sogenannter PhunrahRti zu werden, und sie ferner interessierten Personen oder Gruppen gut und verständlich erklären. Darüber hinaus ist mit dem angeeigneten Grundwissen auch ein direkter Einstieg in die ¡PhunrahR8-Forschung möglich.

In diesem Sinne freue ich mich über viele neue PhunrahRtis und zukünftige ¡PhunrahR8-Meister die nach der Lektüre ihre kreativen Kräfte wecken und zur Optimierung ihrer Lebensqualität nutzen bzw. die sich intensiver mit dem Thema beschäftigen und ihr gewonnenes Wissen und ihre Erkenntnisse öffentlich zugänglich machen, denn ¡PhunrahR8 ist keine geheime Technik und neue Erkenntnisse sollten, auch im Sinne der ¡PhunrahR8-Forschung, immer zeitnah veröffentlicht werden.

Da die Forschung zu ¡PhunrahR8 erst am Anfang steht und die Technik zwar grundlegend erforscht, aber bei weitem noch nicht vollumfassend analysiert und erschlossen wurde, freue ich mich über E-Mails mit neuen Erkenntnissen und Einschätzungen, Analysen sowie Anregungen zu ¡PhunrahR8 an torquil.nevan@hotmail.com.

iPhunrahR8 darf und soll weiterentwickelt und auf neue Situationen und Umfelder angepasst werden.

Es grüßt Euch herzlichst mit einem gehobenen Knubbelstock

Torquil Nevan

8. August 2015

(¡PhunrahR8-Festtag)

Bei ¡PhunrahR8 ist die Natur Ursprung aller Künste

Der Künstler beobachtet, fotografiert, kopiert, interpretiert, erweitert, verändert, zerstört und erneuert die Natur. Dies sind nach ¡PhunrahR8 die acht grundlegenden Betätigungen von Künstlern. Dabei ist die Zerstörung nicht als destruktiver Akt zu sehen, sondern als kreative Notwendigkeit und Grundlage für den Wiederaufbau bzw. die Erschaffung von etwas Neuem, wobei aber selbstredend keinem Lebewesen Schaden zugefügt werden darf. Es gilt aber, wer aus Altem Neues schaffen will, muss manchmal auch das Alte zerstören oder zumindest nachhaltig und wesentlich verändern.

Die Natur selbst ist als Ursprung und Wiege aller Künste anzusehen und damit auch die Quelle für den Kreativprozess. Um den Zusammenhang von Natur und Kunst darzustellen und gezielt für neue Werke zu nutzen, wurde, aufbauend auf der Neuinterpretation historischer Ereignisse, zu Beginn des 21ten Jahrhunderts ¡PhunrahR8 entwickelt. Bei dieser speziellen Meditationstechnik wird in der Grundform der Bezug zum natürlichen Ursprung der kreativen Kräfte aus der Natur und deren gezielter Umwandlung in Kunstwerke mittels des sogenannten Knubbelstocks, als Symbol für die Natur selbst, hergestellt.

¡PhunrahR8: Einführung

¡PhunrahR8 fußt auf der Legende vom Hammer des Gottes Taranis, der einer wenig bekannten Legende zufolge eines Nachts seinen Hammer verlor und damit die Grundlage für die erste echte Stockmeditation vor einem „Kunstwerk" zur Schaffung neuer Kunstwerke legte, sowie der Geschichte "Der blaue Apfel" und dem Märchen "Die drei armen Schwestern". Darüber hinausgehende geschichtliche Zusammenhänge basieren auf der (Neu)Interpretation bekannter, zum Teil aus dem allgemein anerkannten Kontext herausgelöster, historisch belegter Fakten sowie der subjektiven Interpretation von historischen Daten, Ereignissen, Vermutungen, Legenden, Hinweisen und Zusammenhängen. Entsprechende Schlussfolgerungen beziehen sich dabei ausschließlich auf die Verknüpfung denkbarer und logisch herbeigeführter geschichtlicher Ereignisse, die einen Bezug zu ¡PhunrahR8 vermuten lassen, und stellen historisch belegte und allgemein anerkannte Fakten, Erkenntnisse und Schlussfolgerungen weder in Frage noch zielen sie außerhalb der ¡PhunrahR8-Forschung auf deren Neuinterpretation ab. Die dargestellte Entwicklung von ¡PhunrahR8 erscheint möglich, ist aber trotz einer Vielzahl an einleuchtenden und logisch nachvollziehbaren Fakten nicht bewiesen und wird in der Folge weiter erforscht.

¡PhunrahR8 ist zwar eine junge Meditationstechnik, wobei die Technik selbst aber durchaus bereits in der Vergangenheit in verschiedenen Ausprägungen und Variationen Anwendung gefunden haben dürfte.

¡PhunrahR8 in der heute bekannten Version, wurde gezielt entwickelt, um einerseits den individuellen Kreativitäts-prozess, der in jedem von uns schlummert, über die Phantasie anzukurbeln und zu steigern, sowie um andererseits Kreativität in neuen Werken zu materialisieren, Kreativprozesse und –strömungen anzustoßen oder einfach nur den grauen Alltag durch kreative Gedankengebilde bunter zu gestalten und positive Änderungen herbeizuführen.

¡PhunrahR8 ist aus der Historie heraus in erster Linie von Künstlern für Künstler sowie alle, die sich in irgendeiner Form künstlerisch betätigen wollen, entwickelt worden, kann aber im Alltag von allen effektiv und gezielt eingesetzt werden.

Auch wenn die Einsatzmöglichkeiten von ¡PhunrahR8 nahezu unbegrenzt sind, werden echte PhunrahRtis, und das sind alle, die für die Werte von ¡PhunrahR8 einstehen und diese bei ihren Meditationen berücksichtigen, ¡PhunrahR8 ausschließlich aus friedlichen Beweggründen praktizieren.

Aufgewacht

Es war eine gute Nacht. Nach dem Aufwachen fühle ich mich ausgeschlafen und entspannt. Ich vermute, dass dieser gute Start in den Tag einem schönen Traum geschuldet ist, an den ich mich aber leider nicht mehr erinnern kann. Um zumindest das gute Gefühl für den Tag zu konservieren und darauf aufzubauen, führt mich mein erster Weg direkt an den Schreibtisch. Dort schlage ich mein Notebook auf, schalte es ein und rufe eine gespeicherte ¡PhunrahR8-Powerpoint-Meditation auf. In der Erwartung eines anstrengenden Tages wähle ich aus den Dateien die importierte Fotografie eines selbstgemalten Strandbilds. Es handelt sich um eine sehr alte Aufnahme, wobei die Auswahl mit dem Wissen erfolgt, dass ich das Bild damals in bester Stimmungslage malte. Es kommt mir zudem nun zugute, dass ich das Bild in weiser Voraussicht mehrfach mit den verschiedensten Wortgefügen, speziell auch zugeschnitten für schwierige Tage, abgespeichert hatte. Da ich die einzelnen Worte in den Fokus rücken möchte, entscheide ich mich ausnahmsweise bewusst gegen die Nutzung meines Knubbelstocks.

Bei der Auswahl der für einen Tag bzw. Moment passenden Präsentation verlasse ich mich immer komplett auf meine innere Stimme.

Ich beobachte den kleinen Pfeil wie er über die einzelnen Dateien wandert, um ihn mit einem instinktiven Doppelklick die passende Präsentation öffnen zu lassen.

Obwohl ich ausgeschlafen bin, brauche ich ergänzend etwas, das meine Stimmung nach oben treibt und entscheide mich für eine treibende Heavy Metal-CD aus meiner Musikbibliothek. Dann drücke ich die Play-Taste. Nachbarfreundlich kommen die ersten Takte in Zimmerlautstärke aus den kleinen Lautsprechern. Der Song startet mit einem kurzen, vom Schlagzeug begleiteten, Basslauf. Da ich den Song häufig für Meditationen nutze, starte ich zielsicher und geübt beim ersten Gitarrenriff, ab dem der Song noch genau acht Minuten läuft, per Mausklick die zuvor ausgewählte achtminütige ¡PhunrahR8-Morgen-Meditation.

Das erste Wort, das mit dem Einsatz der Gitarre auf meinem Bildschirm erscheint, ist „Eisbär". Dann geht es über „Aufgabenstellung" weiter zu „Hufeisenschmied". Ohne erkennbare Logik reihen sich acht unterschiedliche Worte aneinander. Kein Wort hat irgendeinen Bezug zu dem vorangegangenen, zur Musik, oder zum Strandbild. Ich lasse die Worte an mir vorüberziehen und kann wie geplant keinen Zusammenhang herstellen, was zu den verrücktesten gedanklichen Verrenkungen führt.

Nach exakt acht Minuten wird der Bildschirm schwarz. Da ich die Meditation offensichtlich doch nicht punktgenau begonnen hatte, stoppte die Musik bereits ein paar Sekundenbruchteile früher. Ich lasse die zurückgekehrte Ruhe auf mich wirken und meine Gedanken ohne weitere Stimulationen noch ein paar Minuten geistig-kreative Verbindungen herstellen, um sie im nächsten Moment wieder aufzulösen, nur um gleich darauf die Gedankenstränge erneut aufzugreifen und neu zu verbinden. Ich spüre wie meine innere Maschine auf Hochtouren läuft und beginne langsam warm zu werden. Das Land der Träume liegt nun sehr weit zurück und ich bin bereit, den Tag anzugehen. Beim Aufstehen vom Schreibtisch weiß ich, was zu tun ist. Die Ideen überfluten mich und um sie zu sichern spreche ich sie im Stakkato in mein PhunrahRphon. Ohne es eigentlich vorgehabt zu haben, hole ich anschließend noch Stift und Block aus der Schublade und skizziere eine kleine Skulptur, die ich später am Abend formen werde. Bestgelaunt und voller weiterer Ideen gehe ich den Tag an.

INHALTSANGABE (11)

Phantasie

Mit dem Begriff Phantasie bzw. Fantasie (griechisch: φαντασία *phantasía* – „Erscheinung", „Vorstellung", „Traumgesicht", „Gespenst") wird eine kreative Fähigkeit des Menschen bezeichnet. Oft ist der Begriff mit dem Bereich des Bildhaften verknüpft (Erinnerungsbilder, Vorstellungsbilder), kann aber auch auf sprachliche und logische Leistungen (Ideen) bezogen werden. Im engeren Sinn als Vorstellungskraft bzw. Imagination ist mit Phantasie vor allem die Fähigkeit gemeint, innere Bilder und damit eine „Innenwelt" zu erzeugen. Das Resultat dieser schöpferischen Kraft, das einzelne Vorstellungsbild, heißt auch *Phantasma*. Im heutigen Sprachgebrauch umfasst der Begriff „Phantasie" in der Regel sowohl die Fähigkeit wie auch das Resultat des „Phantasierens". (Quelle Wikipedia)

Das Ziel von ¡PhunrahR8

Aus der Sicht von ¡PhunrahR8 ist die gezielte Erzeugung von Phantasie bzw. deren Anregung durch Hilfs- bzw. Transportmittel (z.B. Knubbelstock) die Grundvoraussetzung zur Schaffung von Kreativität bzw. deren Umsetzung in Werken.

¡PhunrahR8 möchte die Phantasie zielgerichtet anregen, um die kreativen Kräfte zu wecken und sie in erster Linie direkt auf die Schaffung neuer Kunst auszurichten. Kreativität soll geweckt, umgesetzt und ausgebaut werden. Aus kreativen Gedanken soll Neues

- neue Kunst
- neue Ideen
- neue Meditationsvorlagen

entstehen.

Voraussetzung dafür ist die Schaffung von inneren Bildern im Kontext zur Wirklichkeit. Dabei regt die innere Aufnahme des Zusammenspiels von Stock (Transportmedium), der als reiner Naturgegenstand eigentlich als Störfaktor anzusehen ist, und dem von einem Künstler erzeugten Werk (Meditationsobjekt) den kreativen Fluss an und schafft Bilder, welche die Wirklichkeit aufgreifen, sie im Inneren anreichern, verändern, oder den tiefsten inneren Vorstellungen anpassen, um sie anschließend in anderer Form als neues Kunstwerk, oder in Form von neuen Ideen zu manifestieren und sichtbar zu machen bzw. zum Ausdruck zu bringen. Oft werden dabei auch die sogenannten Dämonen und Ungeheuer, die von der träumenden Phantasie erschaffen werden, geweckt und aus dem Inneren heraus mit künstlerischen Mitteln in die Außenwelt transportiert. Diese, in unseren Träumen in Erscheinung tretenden, Dämonen und Ungeheuer werden durch das Zusammenspiel mit der äußeren Umgebung und den dargebotenen Gegensätzen (Stock und Werk) als Zündfunken für die Vernunft materialisiert und in Form von Kunstwerken ans Tageslicht gebracht. ¡PhunrahR8 fungiert hierbei als Geburtshelfer und fördert bzw. unterstützt den Prozess "Des-nach-außen-Bringens". Lion Feuchtwanger hat diesen Prozess in einem Kommentar, bei dem er vermutlich nicht explizit die Kunstmeditation im Kopf hatte, sehr gut und anschaulich beschrieben: "Solange die Vernunft schläft, erzeugt die träumende Phantasie Ungeheuer. Vereinigt mit der Vernunft aber, wird die Phantasie zur Mutter der Künste und all ihrer Wunderwerke".

Da es allerdings bei ¡PhunrahR8 in erster Linie um den praktischen Einsatz der kreativen Kräfte, d.h. den nachgelagerten reinen Kreativprozess, geht, wird in den nachfolgenden Ausführungen die hierzu erforderliche Grundlage Phantasie als gegeben betrachtet und der Fokus direkt auf die eigentlichen kreativen Kräfte und deren Einsatz bei der praktischen Umsetzung in der Kunst und im Leben gelegt.

Kreativität

„Jeder Mensch ist kreativ!" (Joy Paul Guilford)

Der Begriff Kreativität bezeichnet im allgemeinen Sprachgebrauch vor allem die Eigenschaft eines Menschen schöpferisch zu sein, was auf seinen lateinischen Ursprung *creare* zurückgeht und so viel bedeutet wie „etwas neu schöpfen, etwas erfinden, etwas erzeugen, herstellen". Darüber hinaus ist eine weitere Wurzel des Begriffs das lateinische Wort "crescere", das "geschehen und wachsen" bedeutet.

Eine geläufige Beschreibung von Kreativität ist die Möglichkeit etwas originelles (nicht häufiges), produktives (schöpferisches), nützliches (zweckdienliches) und beständiges (nachhaltiges) Neues zu kreieren.

Nach Csikszentmihalyi wird der kreative Prozess traditionell als Abfolge von fünf Schritten oder Phasen definiert:

- Vorbereitungsphase
- Inkubations- bzw. Reifungsphase
- Einsicht bzw. „Aha"-Erlebnis
- Bewertung
- Ausarbeitung

Bei ¡PhunrahR8 beginnt der kreative Prozess ebenfalls mit der Vorbereitungsphase und endet gleichermaßen mit der Ausarbeitung. Die Inkubations- bzw. Reifungsphase entspricht der Meditationsphase und die Bewertung der Ruhephase, wobei der Schritt Einsicht bzw. „Aha"-Erlebnis in beiden letztgenannten Phasen möglich ist.

Ferner tritt nach Csikszentmihalyi im kreativen Schaffensprozess oft ein besonderer Bewusstseinszustand (eine Art Trance) auf, der als Flow (Fließen) bezeichnet wird und meist mit einem vorübergehenden Verlust des Zeitbewusstseins einhergeht. Dieser besondere Bewusstseinszustand kann bei ¡PhunrahR8 in der Meditationsphase erreicht werden, wobei hier der kreative Fluss eher das Ergebnis dieser Phase ist.

Guilford sieht Kreativität als zeitnahe Lösung (Flexibilität) für ein Problem mit ungewöhnlichen, vorher nicht gedachten Mitteln (Originalität) und mehreren Möglichkeiten der Problemlösung (Ideenflüssigkeit), die für das Individuum vor der Problemlösung in irgendeiner Weise nicht denkbar ist (Problemsensitivität). Bei ¡PhunrahR8 ist die Ideenflüssigkeit Teil des kreativen Flusses, wobei die gezielte Problemlösung angestrebt werden kann, aber nicht das primäre Ziel von ¡PhunrahR8 ist.

Geschichte und Hintergründe zur Kunstmeditation ¡PhunrahR8

Der keltische Gott Taranis

Der Begriff PhunrahR leitet sich von Thor oder Donar, bei den germanischen Völkern „der Donnerer" als Gattungsname „der Donner" (þunraR =donnern), ab. Daraus erschließt sich der gemeingermanische Gottesname Þunaraz.

Thor/ Donar, fungierte u.a. für die zur See fahrenden Völker als Gewitter- und Wettergott und hatte in den mythologischen eddischen Schriften die Aufgabe des Beschützers von Midgard, der Welt der Menschen, inne. Der Name der Gottheit ist eng verwandt mit anderen parallelen indogermanischen Gottheiten. Der keltische Gott des Himmels, des Wetters und des Donners Taranis nutzte als Waffe den steinernen Donnerkeil, der durch den Blitzstrahl vom Himmel zur Erde geworfen wurde.

Es gibt Vermutungen, dass aus dem steinernen Donnerkeil erst der Stock mit der v-förmigen Astgabelung, der heute auch als Wünschelrute bekannt ist, dann der irische Shillelagh und später der Stock mit dem Knubbel hervorgegangen sind, wobei die Kräfte des Donners in abgeschwächter Form auf das Holz übergingen und damit der menschlichen Physis angepasst wurden. Es gilt als weitgehend gesicherte Erkenntnis, dass es sich die Kelten niemals angemaßt hätten zu versuchen die Kräfte eines Gottes, der zudem laut Lucan, dem römischen Dichter, mit Teutates und Esus an der Spitze der keltischen Götterwelt stand, selbst zu erschaffen. Dies ist auch der Grund, warum sie den Stock völlig anders und (aus materieller Sicht) hauptsächlich zu friedlichen Zwecken zum Einsatz brachten.

Überlieferte Geschichten führen zu der Annahme, dass die keltischen Druiden auf dem Boden liegende Äste mit besonderen Gabelungen als von Bäumen geschaffene Abbildungen des steinernen Donnerkeils des Gottes Taranis interpretierten, sie aufsammelten und sie unterstützend zur Heilung von Wunden nutzten. Grund hierfür war ihr Glaube, dass die den Stöcken innewohnenden Kräfte direkt von Taranasis' Hammer kamen und sich positiv auf den Wundverlauf auswirken würden. Um diese Kräfte optimal einzusetzen, hielten sie den Stock von oben so über die Wunde, dass die Gabelung senkrecht über deren Mittelpunkt lag, wobei die beiden Gabeln so dicht wie möglich an den Köper herangeführt wurden, diesen aber nicht berühren durften.

Bei leichteren Verletzungen oder Krankheiten, hielten sie die Gabel wie eine Schleuder vor das Gesicht des Patienten, damit dieser seine Beschwerden gedanklich durch die Astgabeln von sich fort schleudern konnte. Manche Druiden hielten die Astgabeln von zwei Stöcken entgegengesetzt aufeinander und formten so eine Raute, durch die der Patient seine Beschwerden gedanklich in Taranis' Welt, in der Annahme, dass sie dort von seinem Hammer zermalmt würden, durchreichen konnte.

Während sich die Druiden auf die friedliche Nutzung der gegabelten Stöcke beschränkten, begannen sie die Männer mit der Zeit als leichte Handwaffen für Streitigkeiten zu nutzten. Diese waren meist harmlos und endeten in der Regel mit kleineren Schrammen an den Armen und Oberkörpern. Wenn die Streitigkeiten jedoch ausarteten und außer Kontrolle gerieten, wurde aus dem harmlosen Stock schnell eine gefährliche Hieb- und Stichwaffe, mit der man bei geschickter Anwendung dem Gegner auch tödliche Verletzungen zuführen konnte.

Doch trotz dieses erweiterten und bei geschickter Handhabung sehr effektiven Einsatzes der Stöcke kam man bald wieder von diesen Waffen ab, da die Nutzung als Stichinstrument in den meisten Fällen in erster Linie zum Abbrechen der beiden Ästchen führte und die Waffe dann nicht weiter verwendet werden konnte. Dies bedeutete, dass man bei einem verfehlten oder zu schwachen Stich, der den Gegner nur verletzte, die Chance auf einen weiteren Angriff verlor und in der Folge durch die eingeschränkte Möglichkeit zur Verteidigung häufig selbst zu Schaden kam.

Ohne die beiden Ästchen kam der beschädigte Stock dem heute bekannten Knubbelstock schon sehr nahe und die Streithähne erkannten mit der Zeit, dass sich ein großer Knubbel auf einem massiven Stock wesentlich besser zum Kampf eignete als die anfälligen Gabelungen. In der Folge konzentrierte man sich von nun an ausschließlich auf die Suche nach langen harten Stöcken mit großen Knubbeln.

In diesem Zusammenhang ist zu erwähnen, dass die Form der um die beiden Ästchen beraubten Stöcke sowie auch der Stöcke mit den natürlichen Knubbeln eine auffallende Ähnlichkeit mit dem Phallussymbol hatte und die Stöcke folglich mit der Zeit auch als typisch männliche Waffen angesehen wurden. Es gibt sogar Hinweise, dass die später weit verbreitete liebevolle Bearbeitung des Knubbels eine Hommage an die Fruchtbarkeitssymbolik des Phallus im antiken Griechenland darstellen würde. Diese auffallende, und vermutlich bewusst herbeigeführte Ähnlichkeit der Form soll auch der Hauptgrund für die spätere ausschließlich friedliche Nutzung des ¡PhunrahR8-Knubbelstocks sein.

Die gegabelten Stöcke dagegen galten seitdem wegen ihrer Form als weibliche Waffen und wurden von den Kriegern nicht mehr als Stichinstrumente eingesetzt. Ob sich allerdings die Frauen mit den gegabelten weiblichen Stöcken zur Wehr setzten, oder ebenfalls auf die stärkeren Knubbelstöcke zurückgriffen, ist bisher noch nicht bekannt und damit ein optimales Gebiet für weitere Nachforschungen.

Mit dem Übergang von den gegabelten Stöcken zu richtigen Schlagwaffen brauchte es bald besonders harte Köpfe bei denen diese neuen Knüppel Schaden nahmen, oder gar zu Bruch gingen. Diese massiven Knüppel waren zudem häufig nur noch grob bearbeitet und die Knubbel verwandelten sich mit der Zeit in immer größer werdende Holzkugeln. Damit ging dann auch nach und nach die Ähnlichkeit mit dem Phallussymbol verloren und die Stöcke waren zu reinen Kriegsgeräten mutiert.

Dennoch, und auch wenn sie im aktiven Kampf aufgrund ihrer weiblichen Konnotation keine Rolle mehr spielten, steckten sich die Krieger anfangs auch weiterhin die ursprünglich gegabelten Stöcke in ihre Gürtel. Hintergrund war vermutlich, dass nach erfolgreichen Schlachten die Gewinner als Zeichen ihres Sieges und aus Dankbarkeit, noch am Leben zu sein, die mitgeführten Vorläufer der ¡PhunrahR8-Knubbelstöcke in die Höhe hoben und Taranis jubelnd für die den Stöcken innewohnenden Kräfte dankten. Später steckten sie die Stöcke dann vors Feuer und versanken vor Freude über den Sieg im Kampf in einen tranceähnlichen Zustand. Sofern die Verlierer ihre Stöcke nicht verloren hatten oder diese im Kampf zerbrochen waren, hatte man sie ihnen abgenommen und warf sie anfangs feierlich ins Feuer. Später ging man dazu über, sich die eroberten Stöcke anzueignen und selbst zu nutzen, wobei speziell verzierte Stöcke so bearbeitet wurden, dass ihre ursprüngliche Herkunft nicht mehr erkennbar war. Die Stöcke als sichtbare Trophäen zu tragen, um somit den Gegner nachhaltig zu demütigen, war dagegen eine Seltenheit.

Im Laufe der Zeit wurden die beiden Astgabeln immer kürzer, bis sie schließlich ganz verschwanden und einem Knubbel wichen. Damit sahen die Stöcke nun wie kleinere Ausgaben der Knüppel aus und hatten bereits zu diesem frühen Zeitpunkt die Form des heute bekannten Knubbelstocks angenommen.

Mit dieser Wandlung wurde dann auch der Grundstein gelegt Knubbelstöcke ausschließlich zu Meditationszwecken zu nutzen. Genaugenommen waren es die den ersten siegreichen Schlachten folgenden Feuermeditationen mit Knubbelstöcken, die allerdings noch nicht den Charakter der heute bekannten und praktizierten Kunstmeditation hatten, auf welche die heute für ¡PhunrahR8 gängige Bezeichnung Stockmeditation zurückgeht.

Knotenstöcke

¡PhunrahR8-Knubbelstöcke gehören zur Gattung der Knotenstöcke. Es handelt sich dabei um kurze ellenlange Stöcke mit einem Knubbel oder einem verdickten Auswuchs (Knoten) an der Spitze. Die Stöcke können einfach vom Boden aufgeklaubt oder von Sträuchern und Bäumen abgeschnitten werden. Je nach Zustand kann man sie unbehandelt nutzen oder auch zielgerichtet zuschneiden und ggf. verzieren. Besonders schöne Knubbel findet man in stark verzweigten Wurzelgeflechten von großen Bäumen, wobei die wenigsten Knubbel in die entsprechende Stockform übergehen. In diesem Fall bietet es sich an, in die Knoten der Wurzeln ein Loch zu bohren und sie anschließend als Knubbelersatz auf einen passenden Stock zu stecken.

Grundsätzlich spielt es keine Rolle, aus welchen Holzarten die Knotenstöcke bestehen, wichtig ist ausschließlich eine für die individuelle Meditation passende Form, die nicht zwangsläufig dem Ideal (siehe auch nachfolgend „Der goldene Schnitt") entsprechen muss. Jeder PhunrahRti entscheidet für sich selbst, welche Form am besten zu ihm passt.

Idealerweise empfiehlt es sich aber einheimische Baumarten zu nutzen, da diese die intensivste Verbindung und den direkten Bezug zur Umgebung des Meditierenden herstellen und diesen festigen. Zudem schaffen sie in der Ferne die Verbindung zur Heimat(erde).

Es gibt viele Abbildungen von den verschiedensten Knotenstöcken auf Vasen und Reliefs aus der Antike und im Mittelalter. Damals dienten sie u.a. als Wanderstäbe und stabilisierende Hilfsmittel bei der Überwindung von Hindernissen (z.B. in bergigen Gebieten) oder als einfache Holzwerkzeuge.

Durch die Knoten, speziell wenn sie das Ende der Stöcke markierten, konnten die Knotenstöcke, wie bereits ausgeführt, gut als Waffen genutzt werden, worauf aus den unterschiedlichsten Gründen im Lauf der Geschichte auch immer wieder zurückgegriffen wurde.

Im Gegensatz zum afrikanischen Knobkierrie und dem irischen Shillelagh, gibt es keine Hinweise, dass die Vorläufer der heute bekannten Knubbelstöcke jemals gezielt als Waffen gefertigt wurden.

Speziell die Shillelaghs waren alles andere als friedliche Meditationsmittel. So wurden sie beispielsweise im New York des 19. Jahrhunderts von Gangs irischer Einwanderer als tödliche Waffen eingesetzt. Dabei diente der Wurzelknochen im Kampf, um zu blocken, zu schlagen oder als Hebel, um mit dem Stockkörper zu würgen.

Die Methoden des irischen Stockkampfes stehen aber in Verbindung mit den alten keltisch-irischen Kriegskünsten, die zudem auch auf Speer, Stab, Axt und Schwert zurückgriffen.

Auch wenn die Kampfkunst mit Stöcken langsam wieder eine Renaissance erfährt, werden Shillelaghs heute in erster Linie als Spazierstöcke oder Souvenirs verkauft. Obwohl einzelne

Souvenir-Shillelaghs den heutigen ¡PhunrahR8-Knubbel-stöcken durchaus ähnlich sind, ist von einer Nutzung in der Kunstmeditation abzuraten, denn durch ihre ehemalige kriegerische Bedeutung ist es sehr schwierig bis nahezu unmöglich, ihnen positive Schwingungen zu entlocken.

Doch auch wenn die Nutzung des ¡PhunrahR8 -Knubbelstocks in Kontinentaleuropa in eine völlig andere Richtung ging und er, von seinen Ursprüngen einmal abgesehen, keinerlei kriegerische Bedeutung inne hatte, so kommt er zumindest in Form und Größe dem irischen Shillelagh am nächsten, wobei der Knubbel beim ¡PhunrahR8-Knubbelstock normalerweise Teil des Asts oder der Wurzel ist und nur in Ausnahmefällen separat aufgesteckt wird.

Der goldene Schnitt: Das Idealmaß

Soweit möglich sollte der Knubbelstock immer dem Verhältnis des Goldenen Schnitts entsprechen. Es gilt dabei die Faustregel, dass möglichst 5/8tel (oder das Verhältnis 38,2 zu 61,8) des Stocks in das Werk hineinragen bzw. zusammen mit dem Werk betrachtet werden sollen. Da dies das optimale Verhältnis zwischen Werk und Bild darstellt, haben manche PhunrahRtis den Goldenen Schnitt gut sichtbar auf ihrem Stock markiert. Bei Naturstöcken handelt es sich dabei meist um eine leichte Einkerbung, die um den Stock herum verläuft. Die ideale Größe des Knubbels entspricht 1/8tel des Gesamtstocks.

Auch wenn nur der obere Teil des Stocks genutzt wird und das Verhältnis der beiden Stockenden zueinander bei der Meditation, sprich der Konzentration auf den oberen Stockteil, im Zusammenspiel mit dem Werk eigentlich nicht ersichtlich ist, zumal auch die Hand, je nach Größe und Haltung, das Verhältnis nicht immer klar erkennen lässt, hat sich diese Größenabstufung in Tests als optimal herausgestellt.

Beim persönlich zugeschnittenen Stock, der eine immer gleichbleibende Haltung voraussetzt, wird beim unteren Teil des Stocks das Verhältnis des Goldenen Schnitts umgekehrt; d.h. die Hand sollte exakt 5/8tel des unteren Stockteils (3/8tel des gesamten Knubbelstocks) verdecken.

Alternativ kann man auch einen sehr kleinen Stock wählen bei dem die Hand exakt 3/8tel des Gesamtstocks verdeckt.

Bei langen Knubbelstöcken, die auch als Spazierstöcke genutzt werden, ist das ideale Verhältnis des in das Werk hineinragenden Teils des Stocks, 3/8 des oberen Drittels (aus 3/8) des Stocks. Ausgehend von einem Stock mit einem Meter Länge und dem exakten Golden Schnitt kommt man auf 14,325 cm, die 3/8 aus 38,2 cm entsprechen.

¡PhunrahR8 und die keltische Kunst

Die Kelten pflegten intensive überregionale Kontakte mit dem etruskischen Kulturraum, wobei etruskische Importe stark die frühen Motive der keltischen Kunst prägten. Keltische Handwerker nutzen den Grundbestand der Formen der Etrusker als Basis für die Entwicklung eigener Ornamente. Dabei handelte es sich aber in der Regel um dekorative Stücke, wobei die Bearbeitung einzelner Objekte auf die Nutzung von ¡PhunrahR8-Knubbelstöcken im Zusammenhang mit der Schaffung von Kunstwerken schließen lässt. So wurden beispielsweise Fragmente von künstlerisch verzierten Eisenhelmen, auf denen deutlich erkennbare ¡PhunrahR8-Knubbelstöcke herausgearbeitet waren, entdeckt. Dabei war die Technik bereits so ausgefeilt, dass der Eindruck entstand, die ¡PhunrahR8-Knubbelstöcke würden plastisch hervortreten und wären damit den künstlerischen Verzierungen vorgelagert, ähnlich der Anordnung bei der Stockmeditation. In einigen wenigen Fällen konnte man sogar, wenn auch häufig nur schemenhaft, noch den Vorgängerstock mit der Astgabelung erkennen. Dies lässt darauf schließen, dass die damaligen Künstler bereits von Anfang an von der Entwicklung der Stockmeditation beeinflusst waren und sich früh künstlerisch mit dieser Thematik auseinandergesetzt hatten.

Die Legende

Der Legende nach hatte Taranis selbst den Grundstein zur Kunstmeditation gelegt. Wie man sich über Generationen hinweg erzählte, war ihm eines Nachts sein steinerner Donnerkeil aus der Hand gerutscht und direkt in das Feuer einer siegreichen Gruppe, die sich aus Männern und Frauen zusammensetzte, gefallen. Aufgrund ihres Trancezustandes, als Resultat einer intensiven Stockmeditation, der die ganze Nacht über andauerte, hatte niemand in der Gruppe etwas davon mitbekommen und als die Sieger am folgenden Morgen erwachten, fanden sie anstelle des Feuers einen überdimensionalen Hammer, auf den die Flammen, vermutlich durch von der Hitze aufgewirbelte Kohlestückchen, schwarze, aber dennoch klar umrissene Bilder gemalt hatten. Anfangs verstanden sie nicht, was sie da vor sich sahen und viele wähnten sich noch in ihrer Trance. Sie waren so ergriffen und verwirrt, dass sie sich nicht zu bewegen wagten und über ihre Stöcke hinweg reglos auf den bemalten Hammer, der wie eine überdimensionierte Plastik mit dem Stil nach oben zeigend die kalte Asche tief in die erloschene Feuerstelle gedrückt hatte, starrten. Bald kamen allerdings die Kinder hinzu, die allesamt schon eigene Knubbelstöcke hatten, aber bei den Siegesfeiern nicht zugelassen waren. Vermutlich war es dem Bewusstsein geschuldet, dass sie sich im Gegensatz zu ihren Eltern über ihren Wachzustand im Klaren waren, dass sie die Situation sofort erfassten und einzuordnen verstanden. Noch bevor die ersten Erwachsenen reagierten, hatten die Kinder die verstreuten Kohlereste eingesammelt und begannen damit die umliegenden Felsen und Steine zu bemalen. Anschließend steckten sie ihre Stöcke vor ihre Werke in die Erde und ahmten ihre Eltern nach, indem sie wie große Sieger meditierten; immerhin waren sie ja kleine Sieger, da sie die Situation als erste erfasst hatten.

Die Erwachsenen brauchten noch eine Weile bis sie mit der Situation umgehen konnten. Zögernd näherten sie sich ihren Kindern und beobachteten sie erst eine Weile still. Dann setzten sich erst ein paar einzelne Frauen und einen Moment später zögerlich auch die restlichen umstehenden Frauen und Männer zu den Kindern, steckten ebenfalls ihre Stöcke in die Erde und stimmten in die Chants, mit der die Kinder ihre Meditation begleiteten, ein. Dies war das erste Mal, dass die Erwachsenen mit den Kindern gemeinsam meditierten.

Doch diese neu gewonnene Gemeinsamkeit war nur von kurzer Dauer, denn die Kinder waren den Erwachsenen schnell wieder einen Schritt voraus. Ein Junge und ein Mädchen waren bereits nach kurzer Zeit aufgestanden, hatten sich je ein Kohlestück gegriffen und gemeinsam wie wild damit begonnen, sämtliche umliegenden Steine und Felsbrocken zu verzieren. Bald schlossen sich weitere Kinder an und noch bevor sich die letzten Erwachsenen in ihre eigene Meditation vertiefen konnten, waren alle Kinder auf den Beinen und ließen ihrer Kreativität freien Lauf. Es war ein wildes Durcheinander, das jegliche Versuche, die Meditation in Ruhe zu Ende zu bringen, zunichtemachte. Die Kreativität hatte die Kinder gepackt und musste nun heraus.

Als die Kinder schließlich erschöpft aufgaben und sich vor ihren Werken niederließen, kam plötzlich Bewegung in die Erwachsenen. Nun selbst von kreativen Schüben übermannt, sprangen die Ersten auf, packten ebenfalls Kohlereste und vollendeten die Werke der Kinder. Anschließend setzen sie sich zu den Kindern und betrachteten gemeinsam mit ihnen die geschaffenen Werke. Zur Feier des Tages durften die Kinder an diesem Abend zum ersten Mal zur gemeinsamen Siegesmeditation mit ans Feuer, wobei es sich hier aufgrund der Ereignisse des Tages um eine Ausnahme handelte.

Die gemeinsame Tagesmeditation vor Bildern wurde dagegen bereits am Folgetag aufgegriffen und anschließend als regelmäßiges Ritual fortgeführt. Dabei wurde bald das Potential der geschaffenen Bilder als Meditationsobjekte erkannt und man ging dazu über vor den neuen Werken zu meditieren, um im Anschluss darauf aufbauend wiederum neue Werke zu schaffen. Dies setzte sich so lange fort, bis Regenfälle die Zeichnungen löschten und das Gestein zur Neubearbeitung freigaben. Dann begann der Kreislauf wieder von vorne.

Als Alternative zu den genannten Kohlestückchen, nutzten manche auch das untere Ende der ¡PhunrahR8-Stöcke und zeichneten ihre Werke direkt in die Erde, wobei sich diese Zeichnungen weniger als neue Meditationsgrundlagen eigneten und eher als Skizzen anzusehen waren. Diese Technik wird später in der Geschichte „Der blaue Apfel" aus der Romantik sowie im Märchen von den drei armen Schwestern aufgegriffen.

Kriegerischer Einsatz

Auch wenn der Einsatz der Knubbelstöcke in der Geschichte durchweg friedlicher Natur war, so gab es doch vereinzelt Ausnahmen. Eine davon wird auf einen erfolgreichen Krieger zurückgeführt, dessen Name oder zeitliche Einordnung bisher noch nicht ermittelt werden konnten und der in Überlieferungen immer nur als Krieger bezeichnet wurde. Dieser Krieger hatte die vielfältigen Einsatzmöglichkeiten des kreativen Potentials der Meditationstechnik erkannt und den Wirkungsgrad in eine bis dahin neue Richtung ausgeweitet. Angeblich war ihm die Idee dazu gekommen, als er die Ergebnisse seines kreativen Schaffens genauer betrachtete und dabei feststellte, dass viele Zeichnungen teils deutliche Szenen von Kämpfen oder Schlachten zeigten. In der Folge begann er mit ersten Versuchen, die Meditation gezielt einzusetzen, indem er vor selbstgemalten Schlachtszenen, die bewusst und nicht als Teil des Kreativprozesses - als Folge einer Meditationseinheit - geschaffen wurden, meditierte. Nach der Meditation griff er nach einem Kohlestück und ließ den erweckten kreativen Flüssen freien Lauf. Dabei fiel ihm auf, dass es ihm immer häufiger gelang, neue Schlachtszenarien bzw. -techniken hervorzubringen. Diese Fertigkeit blieb nicht lange unentdeckt und sprach sich schnell rum. Erst waren es nur Dorfbewohner, die über seine bereits sehr ausgereiften Bilder staunten, aber mit steigender Qualität der Darstellungen begannen sich auch immer mehr Krieger und Kriegsherren für diese Technik zu interessieren und in der Folge fallen auch in diese Zeit die ersten klar zielgerichteten Versuche, diese aus dem Kreativitätsprozess geschaffenen Szenen in realen Schlachten umzusetzen, was anfangs auch zu entsprechenden Erfolgenden führte.

Auf diesen ersten positiven Erfahrungen aufbauend, begannen die Krieger bald die unterschiedlichsten bewussten und zielgerichteten Meditationsgrundlagen zu erstellen und nach den Meditationen im gemeinsamen kreativen Rausch die wildesten Einsatz- und Stellungspläne zu zeichnen. Dieses Zusammenspiel gelang allerdings nur bedingt und meist war die Folge eine Ansammlung verschiedener Szenarien, die weder zusammenpassten, noch ineinandergriffen und in den Schlachten zu heillosem Durcheinander führten, was nicht selten zu kriegerischen Desastern mit großen Verlusten führte.

Diese Erfahrung wirkte sich nachhaltig so negativ auf die Kriegsführung aus, dass man die Technik nach einigen verlorenen Schlachten wieder fallen ließ und auch nicht weiter verfolgte bzw. weiter überlieferte. Auch wenn das Thema damit nahezu vollständig aus dem allgemeinen Bewusstsein verschwand und in der Geschichte der vielfältigen Kriege keine weitere Erwähnung findet, liegt bei einem genauen Studium der über die Jahrhunderte angewandten Kriegstechniken doch die Vermutung nahe, dass im Lauf der Geschichte bei einzelnen Schlachten durchaus auf diese alte Technik zurückgegriffen wurde. Speziell bei den großen Strategen unter den Feldherren gibt es häufig zeitliche Löcher in den Aufzeichnungen, wie sie ihre Strategien im Detail entwickelt hatten. Es ist durchaus vorstellbar, dass so mancher einen Stab mit einem Knubbel vor seine Pläne gesteckt und ein wenig meditiert hatte. Es gibt sogar Berichte von Kriegsherren die vor einer Schlacht einen langen Knubbelstab vor die anrückenden Feinde gehalten und auf dem Schlachtfeld kurz meditiert haben sollen. Inwieweit sich die entfesselte Kreativität jeweils auf den Verlauf dieser Schlachten ausgewirkt hatte, ist allerdings noch nicht bekannt bzw. erforscht.

Keltischer Kopfkult

Der keltische Kopfkult der auch als Schädelmystik oder Schädelfaszination bekannt ist, bezeichnet den Kult der Kelten um abgeschnittene Köpfe. Dabei handelt es sich um das Kopfjagd-Ritual, das auf mystischen Vorstellungen beruht, wobei die eigentliche Schädelfaszination auf der Überzeugung basiert, mit dem abgetrennten Kopf eines Feindes seine Kraft und sein Wissen zu übernehmen und zu besitzen und zudem den Geist des Toten in der Anderen Welt unschädlich zu machen. Der Kopf symbolisierte damals die gesamte materielle und spirituelle Persönlichkeit des Feindes.

Manche besondere Feindesköpfe wurden auf einen Pfahl aufgespießt und vor verzierten Mauern oder Waldstücken aufgestellt. Es wird vermutet, dass sich die siegreichen Krieger davor versammelten, um zudem nach der Schlacht auch noch die Kreativkräfte des gefallenen Feindes in sich aufzusaugen. Reste von Verzierungen auf einzelnen Mauerresten lassen darauf schließen, dass an diesen Orten die Vorläufer klassischer ¡PhunrahR8-Meditationen durchgeführt wurden. Auf Töpfen festgehaltene Szenen mit Köpfen vor Waldstücken weisen dagegen auf Naturmeditationen hin. Ob die erzeugten kreativen Kräfte zu künstlerischen Darstellungen führten, wird dagegen noch erforscht. Es liegt aber die Vermutung nahe, dass einzelne Ideen mit Stecken in den Boden gekratzt wurden, wobei die denkbare Bandbreite von rein künstlerischen Werken, neuen Gebrauchsgegenständen bis hin zu Kriegstaktiken reicht, wobei die Letztgenannten allerdings nicht im Sinne von ¡PhunrahR8 zusehen sind.

Eine spezielle Art der Trophäenpflege wird in der Erzählung Cath Étair („Die Schlacht von Étar") und Aided Chonchobuir („Der Tod Conchobar mac Nessas") dargestellt. Mes Gegra, der im Ulster-Zyklus, einer Zusammenfassung von alt- und mittelirischen Sagen und Erzählungen der keltischen Mythologie Irlands, als König von Leinster aufgeführt wird, belagert mit seinem Heer die Festung Étar (Howth bei Dublin), in der sich Aithirne Áilgesach mit 100 Ultern verschanzt hat. Dieser hatte versucht, vornehme Frauen aus Leinster zu rauben und wurde deshalb verfolgt und in Étar eingeschlossen. Der zu Hilfe eilende Ulster-Krieger Conall Cernach erschlägt und enthauptet Mes Gegra im Zweikampf und vertreibt das Heer der Belagerer.

Weil dem Wagenlenker Conalls der Kopf des Getöteten zu schwer zum Tragen vorkommt, befiehlt ihm Conall das Gehirn herauszunehmen, es mit dem Schwert zu zerschneiden, Kalk dazu zu mischen und einen Ball daraus zu formen.

Diesen Hirn-Ball wirft Cet mac Mágach, ein Held aus der irischen Provinz Connacht, in der Erzählung Aided Chonchobuir („Conchobars Tod") so heftig gegen König Conchobar mac Nessas Stirn, dass die Kugel darin stecken bleibt und nach einem langen Siechtum schließlich zu Conchobars Tod führt.

In einer abgewandelten Erzählung von Conchobars Tod steckt Cet mac Mágach den Hirn-Ball auf einen ellenlangen Stock und rammt diesen mit der angespitzten Unterseite in Conchobar mac Nessas Stirn. Dann sinkt er neben ihm nieder, umklammert den Stock mit beiden Händen und versinkt in eine Art Trance, während sich Conchobar mac Nessa im Todeskampf windet, wobei er es allerdings nicht schafft, die verwundete Stirn mit dem darin steckenden Stock dem starren Blick Cets zu entziehen. Erst als sich Conchobar mac Nessa nicht mehr rührt, zieht Cet den blutigen Stock aus seiner Stirn und beginnt, mit dem spitzen Stockende blutige, mit Hirnmasse durchsetzte Bilder in den Boden zu ritzen. Eines der Bilder stellt eine kopflose Gestalt dar und man vermutet, dass Cet damit eine Vorahnung auf sein eigenes Ende geschaffen hat, denn später sollte auch sein Kopf fallen. Wie es dazu kam, findet sich in der Erzählung Aided Cheit maic Mágach („Der Tod des Cet mac Mágach"). Hier wird berichtet, wie ihm sein alter Feind Conall Cernach im Zweikampf den Kopf abschlägt.

Stock- und Positionsschieber

Bei den ersten Stock-Meditationen, die den Charakter von Kunstmeditationen hatten, bestand der Nachteil, dass die Bilder an den Wänden nicht automatisch gewechselt werden konnten. Es handelte sich um einfache Stock-Bild-Meditationen ohne Abwechslungs- und Transportcharakter, der erst durch den Wechsel des Meditationsobjekts, d.h. der Bilder, zustande kommt. Diese Tatsache bot zwar durchaus meditative, aber aufgrund der einfach gehaltenen Bilder nur eingeschränkte kreative Entwicklungsmöglichkeiten und wurde mit der mehrmaligen Nutzung der immer gleichen Meditationsmedien schnell als zu eintönig empfunden. Aus diesem Grund ging man bald dazu über, Bilderreihen zu erstellen, wobei man den einzelnen Bildern mit dem Stock folgte. Durch diesen Positionswechsel des Knubbelstocks bzw. die Wanderung von Bild zu Bild wurde der Meditationsfluss allerdings immer wieder unterbrochen, was sich kontraproduktiv auf die angestrebte kontinuierliche und sich langsam aufbauende kreative Entfaltung auswirkte.

Es gab damals aber bereits einige findige und kräftige Zeitgenossen, die dieses Problem erkannt und sich in der Folge den Meditierenden als Stockwechsler und später als Bildwechsler anboten. Bei der Meditation mit dem Stockwechsler wurden mehrere Bilder nebeneinander auf einen Stein oder Felsen gemalt, oder in diesen gehauen und der Wechsler war dafür zuständig den Knubbelstock in festgelegten zeitlichen Abständen von Bild zu Bild zu wechseln. Idealerweise befanden sich die Bilder an nach innen gewölbten Wänden die es dem Meditierenden erlaubten, durch leichte Kopfbewegungen dem Stock mit den Augen zu folgen.

Bei der Luxusversion heuerte der Meditierende ergänzend zum Stockwechsler auch noch mindestens zwei Positionsschieber an. Diese waren dafür zuständig, den Meditierenden mitsamt seiner Unterlage, dem Stockwechsler folgend, von Bild zu Bild zu tragen. Dies war die ideale Ergänzung, um einen ununterbrochenen Kreativitätsfluss sicherzustellen, wobei das ideale Meditationsteam aus einem Stockwechsler, vier Positionsschiebern und einem Frischluftfächler, der dem Meditierenden eine konstant frische Brise zufächelte, bestand. In der Konsequenz taten sich diese drei Berufsgruppen bald zusammen und boten den Meditierenden entsprechende Gesamtpakete mit den zuvor genannten Komponenten an. Gute Teams, die eine ideale Meditationsatmosphäre sicherstellten, konnten dadurch häufig zu großen Reichtümern und Ansehen kommen.

Wer auf einen Stockwechsler verzichten wollte, konnte als Alternative auch vor jedem Bild einen eigenen Stock anbringen. In diesem Fall war allerdings darauf zu achten, dass sich die Stöcke möglichst ähnlich waren, da sie den kreativen Entwicklungsprozess als Konstante von Bild zu Bild trugen und dieser Prozess mit jedem auf den ersten Blick erkennbar neuen Stock gestört und damit der kreative Energiefluss unterbrochen wurde. Im ungünstigsten Fall musste die Meditation von neuem begonnen werden.

Taranis und die 8

Im Allgemeinen wird Taranis mit dem keltischen Typus des sogenannten „Radgottes" identifiziert, der ein Rad, Radsymbol oder ein Radkreuz in den Händen trägt, wobei die Deutung des Rades nicht eindeutig ist. Neben dem Rad als Sonnensymbol wurden auch schon Interpretationen als Mondzeichen, jahreszeitliches Symbol, Symbol der Zeit oder Weltordnung, oder gar als Kugelblitz vorgeschlagen.

Es wird allerdings vermutet, dass tatsächlich aus dem ehemaligen Radsymbol die 8 hervorgegangen ist und deren Bedeutung anschließend erweitert wurde. Nach heutigen Erkenntnissen steht die 8 für den doppelt geschlossenen Kreis der Blutzirkulation, den Einbezug von Natur (die kreativen Kräfte der Natur) und Geistigkeit (Kreativität aus dem Geiste). Dabei symbolisiert der erste Kreis primär den Naturkreislauf an sich und der zweite Kreis die menschliche Kreativität als Gedankenkreis. Beide Kreise treffen sich im Meditationspunkt oder meditativen Zentrum der 8 und vereinen damit die puren „naturellen" Kräfte (die Schöpfung an sich) mit den menschlich „technisierten" Kräften (menschliche Schöpfungen) zu einer Einheit der höchstmöglichen inneren Stärke, Vollkommenheit und Harmonie. Dieser Punkt ist das Kraftzentrum und der höchste Meditationspunkt. In diesem Punkt ist alles zu erreichen, was man vorher in vielen Sitzungen visualisiert hatte. Dieser Punkt ist ¡PhunrahR8.

Die 8

Die 8 gilt seit alters her als Symbol für Erneuerung, Wiedergeburt und Herrschaft. Auf ¡PhunrahR8 übertragen steht Erneuerung für die Erschaffung von etwas Neuem, aufbauend auf etwas Altem oder Anderen, die Wiedergeburt für das Wiedererwecken der in jedem von uns schlummernden kreativen Kräfte und die Herrschaft für die Macht, den geistig-kreativen Fluss in einem Werk zu materialisieren. Das Thema Herrschaft zeigt sich auch an der achteckigen Grundform der Kaiserkrone des Heiligen Römischen Reichs. In diesem Zusammenhang kann man die Krone durchaus auch als Übergang des Geistigen zum Materiellen sehen.

In der christlichen Zahlensymbolik des Mittelalters ist der Zusammenhang der 8 zu ¡PhunrahR8 noch wesentlich deutlicher ausgeprägt. Hier steht die 8 als Zahl des glücklichen Anfangs, der Neugeburt, des Neubeginns, der geistigen Wiedergeburt. Darüber hinaus ist es auch die Zahl der Taufe und der Auferstehung sowie das Symbol des Neuen Bundes und Symbol des Glücks. Auch hier geht es darum etwas Neues zu schaffen, bzw. „etwas aus der Taufe zu heben", wobei Glück als glücklicher Anfang oder glücklicher Neubeginn interpretiert wird.

Im Judentum hat die 8 einen verbindenden Charakter, da sie die Welt der 7 (6 Werktage plus den sie abschließenden Schabbat-Ruhetag) mit der Welt der 8 (dem Göttlichen) verbindet. Ferner gilt sie als die Zahl der Unendlichkeit.

Im Buddhismus symbolisiert das achtspeichige eckige Rad, aus dem die vierte der vier edlen Wahrheiten besteht, Dharmachakra, den achtfachen Pfad aus Samsara heraus zur Befreiung.

Bei der Evolution des Zeichens "8" geht man davon aus, dass der Ursprung auf das kleine „h", bei dem der linke untere Strich fehlt bzw. das wie eine nach links oben führende Stufe aussieht, zurückzuführen ist. Daraus entwickelte sich mit der Zeit ein schlangengleiches „S" dessen offene Enden sich später weiter einrollten, um in die heute bekannte „8" zu münden. Es wird vermutet, dass der in der Geschichte vom blauen Apfel auftauchende Scheltopusik die schlangenartige Zwischenform auf dem Weg zur heute bekannten „8" symbolisiert. Es ist sicher kein Zufall, dass er mit seinem Auftauchen am Anfang der Geschichte den Weg zu ¡PhunrahR8 ebnet. Der schlangenförmige Scheltopusik führt direkt zu den beiden Äpfeln die zusammengenommen eine „8" bilden.

Abschließend ist noch der Morgenstern zu erwähnen, der dem Knubbelstock schon sehr nahe kommt, und der achtstrahlig dargestellt als das Symbol für die antike Göttin Ischtar (später Venus) gilt.

Die drei armen Schwestern

Es waren einmal drei arme Schwestern, die ein hartes Leben führten. Von früh morgens bis spät in den Abend mussten sie schuften, um zumindest das zum Leben Notwendigste heranzuschaffen. Sechs Tage die Woche verbrachten sie damit, im Wald Holz und spezielle Stöcke zu sammeln, und nur an den Sonntagen konnten sie, sofern sie an den anderen Tagen genug zusammengetragen hatten, sich ein wenig erholen und in Ruhe ihrer geliebten Stockmeditation vor der Feuerstelle widmen. Dafür waren sie auch gerne bereit, einen Teil des gesammelten Holzes abzuzwacken und als zusätzliches Brennholz einzusetzen, auch wenn sie dann weniger für den Verkauf auf dem Wochenmarkt hatten.

Wenn sie im Wald unterwegs waren, legten sie neben dem gewöhnlichen Brennholz ein besonderes Augenmerk auf kurze ellenlange Stöcke, die einen Knubbel an der Spitze aufwiesen. Die Knubbel bestanden in der Regel aus natürlichen Verdickungen der Äste, aus Teilen ehemaliger Gabelungen oder aus Wurzelresten. Diese speziellen Stöcke, die allgemein als Knubbelstöcke bekannt waren, wurden von ihnen an vielen langen Abenden bearbeitet und liebevoll verziert. Anschließend wurden sie zusammen mit dem Brennholz auf dem Markt verkauft, wobei besonders kunstvolle Stöcke der Familie Nahrungsmittel für einen Monat sicherten. Mit dem Erwerb eines Stocks durfte der Kunde zudem an einer der sonntäglichen Meditationen der Schwestern teilnehmen, um die Handhabung der Stöcke in der Praxis kennenzulernen. Diese Kundenmeditationen fanden hinter dem Haus an einem eigens für diesen Zweck eingerichteten Meditationsplatz mit einer separaten Feuerstelle statt.

Die drei Schwestern lebten mit ihrer alten Mutter, die den Mühsalen des Holzsammelns nicht mehr gewachsen war, und sich darauf beschränkte die täglichen Abendessen zuzubereiten und den Dreien eine kleine Verpflegung für den Folgetag herzurichten. Für die Arbeitsverteilung war die älteste Schwester, die diese Funktion von ihrer Mutter übernommen hatte, zuständig. Da sie aus ihrer Sicht bereits schwer an der Verantwortung für ihre beiden jüngeren Schwestern trug, hatte sie sich die Rolle der Sucherin zugeteilt. Diese Aufgabe umfasste die Ausschau und das Suchen nach gutem Brennholz und geeigneten Knubbelstöcken sowie die Beurteilung der von den Schwestern aufgeklaubten oder abgebrochenen Hölzer. Die jüngste Schwester war aufgrund ihrer Jugend für das einfache Brennholz am Boden zuständig, wohingegen die mittlere Schwester passende Knubbelstöcke aufheben, von Bäumen brechen, oder von Wurzel abreißen musste. Ferner hatte sie die Aufgabe inne neben der Verpflegung auch noch den im Laufe des Tages immer schwerer werdenden Korb mit den eingesammelten Hölzern zu tragen.

Sie war mit Abstand die Schönste der drei Mädchen und lediglich ihr von den vielen Lasten leicht gebückter Gang konnte von einem besonders kritischen Betrachter als Makel angesehen werden. Dennoch konnten es ihre beiden Schwestern, die ebenfalls sehr ansehnlich waren, nicht lassen sie aufgrund ihres Ganges, speziell wenn sie den vollen Korb trug und kaum mithalten konnte, immer wieder zu hänseln.

Aus ihrer Sicht solle sie sich keine Hoffnung machen, mit einem derartig krummen Rücken sowie ihren lahmen Gang jemals einen Mann zu finden. Sie könne froh sein, dass ihre Schwestern ihren Makel als Vorteil beim Tragen des Weidekorbs erkannt und sie für den Transport des gesammelten Holzes ausgewählt hätten. Dies sei auch der Grund, warum sie überhaupt mit ihnen gemeinsam sammeln gehen dürfe.

Die Schwestern waren aber nicht die Einzigen, die sich mit dem Holzsammeln ihren Lebensunterhalt verdienten. Auch viele weitere Familien waren auf die kargen Erträge für das gesammelte Holz angewiesen. In der Folge waren die Waldabschnitte in Dorfnähe immer sehr überlaufen und wer gutes Holz oder schöne Knubbelstöcke finden wollte, musste die Mühe auf sich nehmen und weit in den Wald eindringen. Die mittlere Schwester war zwar über die längeren Wegstrecken wenig erbaut, musste sich aber letztendlich ihren Geschwistern fügen, die es immer tiefer in den Wald zog, wo sich sonst kaum Leute tummelten und es damit auch eine wesentlich größere Menge an Hölzern gab. Hier fanden sie eine so gute Auswahl vor, dass sie sich ausschließlich auf die Qualität konzentrieren und sich damit in der Folge auf dem Markt von den anderen Verkäuferinnen abgrenzen konnten. Dies erschwerte zwar die Arbeit der mittleren Schwester, aber letztendlich verstand sie die Beweggründe und trug ihr Schicksal, ohne groß zu murren, zumal sie auch wirklich froh war, dabei sein zu dürfen. Außerdem hatten ihre langen Wanderungen zumindest den einen Vorteil, dass sie mit der Zeit selbst die verstecktesten Ecken und Winkel des

Waldes kennenlernten und sich selbst in Dunkelheit noch zurechtfanden.

Im hinteren Teil des Waldes gab es ein von ein paar Felsenstücken verborgenes kleines Waldstück, in dem ihnen noch nie andere Leute begegnet waren. Dementsprechend nannten sie diesen Bereich ihren geheimen Platz. Hier standen die Bäume auch nicht so dicht und manchmal, wenn der Weidenkorb schon voll war und sie gute Knubbelstöcke gefunden hatten, machten sie eine Pause und hielten die Stöcke, mit den Knubbeln nach oben gerichtet, vor die Wolken. Diese Technik war eine Abwandlung der Feuermeditation, wobei sie solange auf die vorüberziehenden Wolkenformationen starrten, bis die Traumbilder kamen, die sie anschließend mit den unteren Stockenden in den weichen Waldboden zeichnerisch übertrugen. Danach betrachteten sie lange schweigend die Bilder und versanken in ihnen. Wenn ihnen ein Traumbild besonders im Gedächtnis hängen geblieben war, schwärzten sie abends nach dem Essen einen Stock über dem Feuer und zeichneten das Bild aus dem Gedächtnis auf die Wand. Die folgenden Abende verbrachten sie dann vor der Zeichnung und versuchten vor dem Schlafengehen den mit dem Bild verbunden Traum wieder hervorzuholen, was nicht immer völlig, aber häufig zumindest im Ansatz gelang.

Eines Tages jedoch, als sie wieder einmal ihren geheimen Platz aufsuchen wollten, fanden sie hinter den vertrauten Felsen eine völlig veränderte Umgebung vor. Als hätte es sie nie gegeben, waren sämtliche Bäume spurlos verschwunden und von einer Wiese mit einem dichten grünen Rasen, dessen

Halme in der Sonne leuchteten, ersetzt worden. In der Mitte der Wiese stand ein mächtiger Apfelbaum voller bunter Äpfel, wobei der Reifgrand nach oben hin zuzunehmen schien, denn die Äpfel in Greifhöhe waren noch grün und standen dem Anschein nach noch kurz vor der Reife. Die direkt darüber hängenden knackig roten Äpfel schienen dagegen bereits ausgereift zu sein. Ganz oben in der Baumkrone fanden sich zudem noch tief blaue Äpfel, die trotz ihrer ungewöhnlichen Farbe seltsam natürlich und perfekt gereift wirkten. Die drei Schwestern standen staunend vor dem großen Baum und registrierten erst spät die alte gebückte Frau die sich heimlich zu ihnen gesellt hatte. Als sie ihre Aufmerksamkeit hatte, begann sie die Drei anzusprechen: "Meine lieben Kinder, stellt keine Fragen und lasst euch nur das Eine sagen:

Dieser Baum ist das Leben
dieser Baum kann Leben geben
Doch beachtet dabei die verschiedenen Farben
Grün ist noch unreif, aber Rot gut zu haben
Doch auch wenn Blau keine Apfelfarbe ist
ist am glücklichsten die, die einen blauen Apfel isst

Jeweils ein Apfel soll der eure sein
die anderen bringt zu eurer Mutter heim
Und was ihr selbst nicht braucht zum Leben
sollt ihr umsonst den Nachbarn geben
Denn nur wer maßvoll isst und teilt
dem irgendwann das Glück ereilt."

Dann drehte sie sich lächelnd um und verschwand hinter dem Baum. Erst als dieser sie völlig verdeckte, folgten ihr die

Mädchen. Doch hinter dem Baum war keine Spur mehr von ihr und wenn sie weiter in den Wald gegangen wäre, hätten die Schwestern sie sehen müssen. Während die Ältere und die Mittlere noch über dieses Rätsel nachdachten, hatte sich die Jüngste bereits dem Baum zugewandt und einen ersten grünen Apfel abgerissen. "Halt Schwesterherz!" rief die Mittlere, "willst du nicht nach oben klettern und dir einen blauen Apfel holen?" Die Jüngste hatte aber bereits einen großen Bissen genommen und antwortete schmatzend: "Nein, lass nur. Die unteren Äpfel sind reif genug und ich will mir nicht die Mühe machen nach oben zu klettern. Ich werde mich hier unten sattessen. Klettert ihr nur nach oben und lasst mich hier unten den Bauch vollschlagen." "Aber du hast gehört, was die Frau gesagt hat, wir sollen nur einen einzigen Apfel essen?" mahnte die mittlere Schwester. "Ach papperlapapp, was soll das? Wem tut es weh, wenn ich mich einmal richtig satt esse und es sind ja noch genug Äpfel zum Mitnehmen da!" "Recht hat sie!" warf nun die Älteste ein, "wen kümmert es, wie viele Äpfel wir nehmen? Es gibt genug Äpfel und wir können auch der Mutter welche mitbringen! So mein Schwesterchen, dann mach mal eine Räuberleiter damit ich an die roten Äpfel herankomme!" Sichtlich verunsichert setzte die Mittlere ihren Korb ab und hielt ihrer Schwester die ineinander verhakten Finger entgegen. Diese packte sie an den Schultern und stieg auf ihre Handflächen. Mit der linken Hand die Schulter ihrer Schwester fest umklammert, sammelten sie mit der Rechten so viele Äpfel ein, wie sie erreichen konnte. Dabei ging sie nicht zimperlich vor und warf die abgerissenen Äpfel einfach in die Wiese. Erst als sie an keine weiteren Äpfel mehr herankam, stieg sie wieder auf den Boden und griff nach einem roten Apfel. Die Jüngste hatte mittlerweise bereits drei grüne Äpfel verschlungen und stürzte sich nun ebenfalls gierig auf die roten Äpfel. Beide setzten sich nebeneinander in das weiche Gras und ließen sich die Äpfel schmecken. Die Mittlere hingegen hatte sich ihren Korb, den sie vorher ausgeleert hatte, wieder umgeschnallt und kletterte langsam an dem Stamm nach oben. Dort angekommen pflückte sie mit viel Mühe sämtliche blauen Äpfel. Das dauerte eine Weile und als sie wieder nach unten kam, lagen ihre beiden Schwestern mit vollen Mägen bewegungsunfähig im Gras. Daraufhin stellte sie ihren Korb mit den blauen Äpfeln ab, setzte sich zu ihren Schwestern und biss genüsslich in einen blauen Apfel. Ihre Schwestern, die sich offensichtlich überfressen hatten, lehnten die angebotenen Äpfel dankend ab und blieben mit geschlossenen Augen liegen. Die Mittlere ließ sich Zeit und aß ihren Apfel mit Ruhe und Genuss und obwohl sie noch nie zuvor etwas vergleichbar Köstliches gegessen hatte, befolgte sie den Rat der Alten und beließ es bei einem Apfel. Während ihre Schwestern noch dösten, leerte sie erneut den Korb aus, packte erst das Holz, dann die gefundenen Knubbelstöcke und anschließend die herumliegenden Äpfel ein. Dann legte sie sich zu ihren Schwestern ins Gras. Obwohl sie selbst nur einen Apfel gegessen hatte, fühlte sie sich satt und voller Energie. Als sie sich mit der einbrechenden Dunkelheit auf den Rückweg machten, war der Korb, der nun bis oben hin gefüllt war, offensichtlich wesentlich schwerer als gewöhnlich, aber keine der beiden Schwestern bot ihre Hilfe an. Sie kamen spät nach Hause und ihre Mutter hatte sich schon zur Nachtruhe begeben. Müde von dem langen

Fußmarsch ließen sich die jüngere und die ältere Schwester auf ihre Betten fallen und schliefen sofort ein. Die Mittlere dagegen entleerte noch den Korb, stapelte das Holz und packte die Äpfel in Holzkisten. Anschließend nahm sie einen der neuen Knubbelstöcke, hielt ihn vor die erlöschenden Flammen und meditierte. Kurz drauf fielen ihr die Augen zu und sie schlief auf dem staubigen Küchenboden ein.

Am nächsten Morgen war die Freude der Mutter groß und sie machte sich, nachdem sie ihre mittlere Tochter von ihrem harten Schlafplatz aufgescheucht hatte, umgehend daran, einen Teil der Äpfel zu verarbeiten. Die Tochter, noch schlaftrunken, teilte ihrer Mutter mit, dass sie von einer Frau angewiesen worden seien, einen Teil der Äpfel für die Nachbarn zur Seite zu legen, doch ihre beiden Schwestern fielen ihr sogleich ins Wort und widersprachen ihr. Anschließend sammelten sie die Äpfel ein und versteckten sie hinter dem Haus. Als die Mittlere mit schwachem Widerstand darauf hinwies, dass sie die vielen Äpfel gar nicht alle verarbeiten oder lange lagern könnten, entgegnete ihre ältere Schwester: "Na und, auch wenn wir sie nicht alle nutzen, so ist es doch schön, einmal im Leben zu viel zu haben! Ich will das genießen und sehe keinen Grund, warum wir was abgeben oder liegen lassen sollten! Das ist unser Baum! Wir haben ihn gefunden und uns stehen die Früchte zu! Was wir damit machen, ist allein unsere Angelegenheit! Und wir werden uns heute noch mehr holen!" Damit war das Thema beendet und kurz darauf machten sich die Drei wie jeden Tag auf den Weg.

An diesem Tag achteten sie erstmals nicht auf die herumliegenden Holzstücke. Sie gingen direkt zu ihrem geheimen Platz und waren wie vor den Kopf gestoßen, als sie ihn wie früher gewohnt vorfanden. Der grüne Rasen und der Apfelbaum waren verschwunden und hatten wieder den ursprünglichen Bäumen Platz gemacht. Die drei Schwestern verstanden nicht, was passiert war, und die Jüngere und die Ältere begannen laut zu jammern. Die Mittlere dagegen ging zu der Stelle, wo der Baum gestanden hatte und fand dort einen braunen vertrockneten alten Apfel, den sie instinktiv in ihre Tasche steckte. Dann machte sie sich auf Drängen ihrer Schwestern mit ihnen auf die Suche nach dem Apfelbaum, da sie nicht glauben wollten, dass dieser verschwunden war.

Als sie abends müde nach Hause kamen, hatten sie weder den Baum gefunden noch ein einziges Stück Holz gesammelt. Die Mutter hatte ihnen zwischenzeitlich einen leckeren Apfelkuchen gebacken und sie waren früh und satt schlafen gegangen. Am Morgen des folgenden Tages zerriss ein lauter Schrei die morgendliche Stille. Die Jüngste hatte sich zu dem Apfelversteck geschlichen und dort sämtliche Äpfel verfault vorgefunden. Die Älteste stürmte zu ihrer Schwester und schüttete wutentbrannt die schwarzen Äpfel in die Feuerstelle ihres Meditationsplatzes. Da Sonntag war, gingen beide zurück ins Haus und schliefen ihre Wut weg. Die Mittlere dagegen hatte das starke Bedürfnis, die Feuerstelle aufzusuchen. Dort holte sie den braunen Apfel vom Vortag aus ihrer Tasche und steckte ihn aus einem inneren Drang heraus auf einen Meditationsstock. Normalerweise wurden die Stöcke immer vor das Feuer gehalten oder gestellt und anschließend, den Stock im Blickfeld, wurde über den Flammen meditiert. Nach der Meditation malten die Teilnehmer mit den Stockenden dann Bilder in die lockere Erde. Dabei handelte es sich meist um Wünsche und Visionen, die sie in den Flammen gesehen hatten und noch einmal für sich aufmalen wollten. Da sie an diesem Morgen jedoch kein Feuer entfachen wollte und die verfaulten Äpfel in der kalten Feuerstelle einen zu traurigen Anblick boten, steckte sie den Stock in Richtung Wald und begann die leicht im Wind schwingenden Zweige und Äste, die eine ähnlich hypnotische Wirkung wie die Flammen hatten, zu beobachten. Dann wurde sie schläfrig und nahm den Reiter am Waldesrand anfangs nur schemenhaft wahr. Da sie glaubte eine Vision zu haben, griff sie noch völlig in sich gekehrt nach einem Stock und skizzierte einen Reiter in das lockere Erdreich. Dann schloss sie die Augen und öffnete sie erst, als sie von einer sanften männlichen Stimme in die Wirklichkeit zurückgeholt wurde. Ohne Angst betrachtete sie kurz ihre Zeichnung, bevor sie zu dem hübschen jungen Mann auf einem braunen Hengst aufsah. Er musste ungefähr ihr Alter haben und war der schönste Mann, den sie in ihrem ganzen Leben gesehen hatte. Ohne ein Wort zu sagen, streckte er ihr lächelnd seine Hand entgegen und sie stieg, in der sicheren Gewissheit, dass es so sein sollte und ohne eine Frage zu stellen, zu ihm aufs Pferd.

Ihre Schwestern sahen sie erst drei Tage vor der Hochzeit wieder. Ein königlicher Bote war gekommen und hatte sie zusammen mit ihrer Mutter zum Schloss bringen lassen. Dort nahmen die Drei ein ausgiebiges Bad, wurden neu eingekleidet und in den Ablauf der Hochzeit eingeweiht. Es war derselbe Bote, der ihnen am Tag nach dem Verschwinden ihrer Schwester Kunde von ihrem Aufenthaltsort gebracht hatte und sie anschließend in regelmäßigen Abständen mit frischen Lebensmitteln und Kleidung versorgt hatte. Ihre Schwester empfing sie am Abend zu einem festlichen Galadinner und stellte ihnen ihren zukünftigen Ehemann und Thronfolger vor. Beide Schwestern waren neidisch und gönnten ihr offensichtlich ihr Glück nicht. Da ihre Schwester in den vielen gemeinsamen Jahren gelernt hatte, mit Neid und Missgunst umzugehen, ging sie über ihre Anspielungen und spitzen Bemerkungen einfach hinweg und eröffnete ihnen zudem auch noch, dass sie nach der Hochzeit zusammen mit ihrer Mutter ins Schloss ziehen dürften. Die undankbaren Schwestern nahmen die Einladung an, ohne sich dafür zu bedanken, und nur der Mutter kam ein freundliches Wort über die Lippen.

Nach der Hochzeit blühte die mittlere Schwester im Schloss förmlich auf und schenkte dem Thronfolger drei kräftige Jungen. Ihre beiden Schwestern dagegen, die jeden ihrer glücklichen Momente verfluchten, fanden sich trotz ihres Wohlstands nicht mehr im Leben zurecht und endeten beide als alte Jungfern. Die Älteste wurde mit den Jahren immer fetter und konnte sich im fortgeschrittenen Alter kaum noch bewegen, während hingegen die Jüngste sauer wurde und bis auf die Knochen abmagerte. Nach dem Tod der Mutter kamen die beiden Schwestern kaum noch aus ihren Kammern und selbst als sie dahinschieden, wurde das im Schloss kaum wahrgenommen. Ihre mittlere Schwester dagegen genoss ihr neues Leben in vollen Zügen und führte im Schloss die von ihr entwickelte Apfelmeditation ein. Da es ihnen an nichts mangelte, griff sie dabei auf frische Äpfel zurück, die anschließend entweder direkt von den Kindern verspeist oder in der Küche verarbeitet wurden, denn es sollte nichts verschwendet werden. Den Stock mit dem vertrockneten braunen Apfel ließ sie als Talisman und Erinnerungsstück an ihre schwere Zeit an der Wand über ihrer Kommode anbringen.

Kurz nach der Hochzeit war sie mit ihrem frisch angetrauten Gatten zu der ehemaligen Lichtung geritten, an der sie zusammen mit ihren Schwestern den Apfelbaum entdeckt hatte. Dort war sie niedergekniet und hatte exakt an der Stelle, an der der mächtige Baum gestanden hatte, einen neuen Apfelbaum gepflanzt. Später, als der Baum erste Früchte trug, war sie zurückgekommen, hatte diese gepflückt und anschließend an die Armen in der Umgebung verteilt. Dies wurde für sie zu einem jährlichen Ritual und als ihr die langen Ausritte zu beschwerlich wurden, übernahm ihr mittlerer Sohn das Pflücken und die Verteilung.

Mündliche Überlieferungen berichten davon, dass viele erst mit den Äpfeln, die offensichtlich einen leichten Blauschimmer hatten, meditierten und sie dann beim Betrachten der Zeichnung ihrer Visionen direkt vom Stock aßen. Angeblich zeigten diese Visionen häufig einen direkten Weg aus der Armut in ein besseres Leben und es war auffällig, dass die Gegend um das Schloss herum bald durch einen für die Zeit außergewöhnlichen Wohlstand geprägt war.

Von der Birne zum Apfel

Wann der Apfel die Birne ersetzte ist nicht bekannt. Es liegt aber die Vermutung nahe, dass dies noch zur Zeit der Kelten erfolgt sein könnte, da das Paradies der Kelten Avalon (Apfelland bzw. die Apfelinsel) hieß und der Apfel im keltischen Sagenkreis das Symbol für Erkenntnis sowie überliefertes Wissen war. Aus diesem Grund wird der Apfelstock auch als „Stock der Erkenntnis", oder „Stock der Überlieferung" bezeichnet. Ferner war der Apfelbaum als einer der 7 heiligen Bäume auch als Baum der Unsterblichkeit bekannt. Selbst König Arthus war nach Avalon gekommen, um Heilung von seinen schweren Wunden zu finden.

An Samhain, dem Hochfest der Kelten, das in der Nacht vom 31. Oktober auf den 1. November gefeiert wurde, galt der Apfel als Symbol für Sterben und Wiedergeburt. Auch wenn bisher noch kein Nachweis erbracht werden konnte, gehen viele PhunrahRtis heute davon aus, dass bereits in diesen speziellen Nächten die Äpfel als Hilfsmittel zu meditativen Praktiken, welche die Vorläufer von ¡PhunrahR8 sein dürften, verwendet wurden. Dabei stehen für sie die Symbole „Sterben" für das Ende des „Gewöhnlichen, Nicht-Kreativen " und „Wiedergeburt" für die Schaffung von Kreativität bzw. die Rückbesinnung auf die kreativen Kräfte.

Es gilt aber dennoch als sehr wahrscheinlich, dass die erste ¡PhunrahR8-Frucht eigentlich die Birne war, zumal sie nach dem Siegeszug des Apfels über die Jahrhunderte hinweg zwar ein kaum beachtetes Schattendasein führte, aber nie ganz aus der Wahrnehmung der PhunrahRtis verschwunden war. Erst mit der Geschichte vom blauen Apfel, die zu einem nicht näher eingrenzbaren Zeitpunkt im Mittelalter entstand und zudem keinem bestimmten Autor zugeordnet werden kann, verschwand die Birne für einen längeren Zeitraum völlig aus der ¡PhunrahR8-Meditation.

Im Vergleich zur Birne hat der Apfel bei der herkömmlichen ¡PhunrahR8-Meditation einen wesentlichen Vorteil durch seine ballähnliche Form. Während man bei der Birne erst den Stil entfernen und den Stock mühsam durch den engen Hals, der in der Regel auch leicht bricht, nach unten in den ausgebeulten Teil schieben muss, lässt sich der Stock beim Apfel wesentlich einfacher ins Kerngehäuse treiben. Darüber hinaus ist der Apfel als Knubbelersatz auch das ästhetischere Hilfsmittel, da der Stock im Gegensatz zur Birne von unten nach oben geschoben wird und somit über dem Knubbel häufig der kleine Stil aufragt, was einen zusätzlichen Blickfang bei der Meditation bietet.

Lediglich bei der Verwendung als PhunvahR gilt die Birne manchen sogar als die bessere und passendere Variante, da sie auf einem Stock mit dem nach oben gerichteten Bauch, der mit einem sauberen Oval durchstochen ist, aufgespießt dem Aussehen einer Vulva wesentlich näher kommt, als ein einfach durchlöcherter Apfel. Dies passt auch gut zu der Tradition bei der Geburt eines Mädchens einen Birnbaum und bei der eines Jungen einen Apfelbaum zu pflanzen.

¡PhunrahR8-Meister gehen davon aus, dass die Romantiker den blauen Apfel aus der gleichnamigen Geschichte als Nebensymbol bzw. ergänzendes Symbol zur blauen Blume, dem zentralen Symbol der Romantik, gesehen haben, denn wo die blaue Blume bei Novalis als Symbol der Sehnsucht und des Strebens nach dem Unendlichen sowie der Synergie, d.h. des Verschmelzens der Sinneswahrnehmungen und Erkenntnisebenen, steht, ergänzt die ¡PhunrahR8-Meditation die Synergie der Verschmelzung der inneren geistigen Wahrnehmungen und der nach außen sichtbaren Kreativebenen. Es ist durchaus denkbar, dass in der Romantik anstelle des blauen Apfels eine blaue Blume zur Meditation herangezogen wurde.

Ein interessanter Faktor in der diesem Kapitel folgenden Geschichte vom blauen Apfel ist, dass der Genuss des verbotenen Apfels vom Baum der Kreativität zwar einerseits das Mädchen und den Jungen zu Wesen mit moralischer Urteilskraft macht und ihnen damit die Fähigkeit zur Sünde gibt, er ihnen aber andererseits anschließend im angebissenen Zustand, nachdem sie vom Wind aus dem Kreativgarten herausgetragen wurden, als Hilfsmittel für ihre Visionen zur Schaffung eines neuen Lebensraumes dient. Der Apfel fungiert einerseits erst als Lockmittel und führt damit zum Verlust des Lebensraums, hilft aber anschließend, einen neuen Lebensraum zu kreieren.

Die historische Rolle des Apfels in der ¡PhunrahR8-Meditation passt auch gut zu der Tatsache, dass der Apfel generell in vielen Kulturen eine symbolhafte Rolle spielt. Dabei kann er für Liebe, Erkenntnis, Fruchtbarkeit, Leben und Erde stehen und wird darüber hinaus auch verschiedensten Göttinnen zugeordnet, wie beispielsweise Iduna, die in der germanischen Mythologie die Hüterin goldener Äpfel ist, deren Genuss zu ewiger Jugend und damit einhergehender Unsterblichkeit führen sollte.

Auch wenn der Apfel immer wieder als Hilfsmittel für ¡PhunrahR8 auftaucht, spielt er bei den praktizieren PhunrahRtis doch nur eine untergeordnete Rolle. In der Regel wird bei den Meditationen auf die klassischen ¡PhunrahR8-Knubbelstöcke zurückgegriffen und Apfelstöcke, mit aufgesteckten Äpfeln kommen erst dann ins Spiel, wenn keine passenden Knubbelstöcke zur Verfügung stehen oder wenn sich die Meditierenden auf die Ursprünge, oder das was sie dafür halten, zurückbesinnen wollen. Nur extrem konservative Apfeltraditionalisten besitzen ausschließlich Stöcke ohne Knubbel, auf die sie bei jeder Anwendung frische, in der Regel mit Lebensmittelfarben blau eingefärbte, Äpfel stecken. Anschließend werden die Äpfel beim Betrachten des kreativen Outputs in Ruhe verzehrt.

Die gängigeren und ebenfalls unter dem Begriff „Apfelstock" bekannten Alternativen sind Stöcke, deren Knubbel von der Form her an Äpfel erinnern oder die als Äpfel gestaltet wurden. Dabei stehen blaue Äpfel im direkten Bezug zu der „Geschichte vom blauen Apfel", sonstige einfarbige Äpfel für die Verbundenheit mit der Natur und mehrfarbige Äpfel für die kreativen Kräfte der Natur.

Für einige PhunrahRtis steht der Apfel als Meditationsmittel bereits über die Jahrhunderte hinweg bei ¡PhunrahR8 auf der gleichen Stufe wie der Knubbelstock.

Darüber hinaus diente er, für sich allein genommen und ohne Stock, vielen deutschen Kaisern und Königen in Form des Reichsapfels als Symbol der Herrscherwürde und Macht.

Interessant ist auch, dass, gemäß einer schriftlichen Überlieferung, bei der ersten Olympiade, die 776 Jahre vor Christus in Griechenland stattfand, der Sieger offensichtlich mit einem Apfel anstelle einer Goldmedaille prämiert wurde.

Ferner taucht der Apfel auch in zahllosen Märchen, speziell bei den Gebrüdern Grimm (z.B. Frau Holle, Schneewittchen, etc.), auf. Es gibt allerdings nur ein Märchen (Die Geschichte von den drei armen Schwestern), in dem der Apfel als Meditationshilfsmittel Erwähnung findet. Es handelt sich hierbei vermutlich auch um das einzig bekannte Volksmärchen mit einem blauen Apfel. In den meisten anderen Märchen sind die Äpfel, wenn sie farbig sind, golden.

Das Sprichwort "Man kann Äpfel nicht mit Birnen vergleichen" ist vor dem Hintergrund interessant, dass der Apfel die Birne zwar verdrängt hat und von der Form her anders aussieht, aber dank verbesserter Bohrtechniken bei ¡PhunrahR8 durchaus ohne qualitative Abstriche (abgesehen von dem kleinen Stil, bedingt durch die unterschiedliche Stecktechnik) gleichermaßen als Meditationshilfsmittel eingesetzt werden kann. Dennoch verliert die Birne gegenüber dem Apfel, sieht man einmal von ihrer Nutzung als PhunvahR ab, im Rahmen von ¡PhunrahR8 mittlerweile immer mehr an Boden. Wenn ein Apfel zur Hand ist, so wird dieser auch genutzt. Lediglich als Apfelersatz spielt die Birne ansonsten noch eine Rolle.

Neben den Bildern, in denen vom Jüngsten Gericht Erlöste "normale" Äpfel als Zeichen für das wiedereroberte Paradies in ihren Händen halten, gibt es moderne Darstellungen in denen blaue Äpfel, als Symbol für die wiedererlangte Kreativität, Erwähnung finden.

In der Literatur tauchen Äpfel aufgrund ihrer Form als gängige alte Umschreibung für die Brüste auf. Es gibt eine leicht abgewandelte und auf die Geschichte vom blauen Apfel angepasste Version eines Ausspruchs von Goethes Faust (mit der Jugend tanzend) in der Walpurgisnacht:

> Einst hatt ich einen schönen Traum
> da sah ich einen Apfelbaum,
> Zwei blaue Äpfel glänzten dran,
> sie reizten mich, ich stieg hinan.

Und die Schöne antwortet ihm:

> Der Äpfelchen begehrt Ihr sehr,
> und schon vom kreativen Garten her.
> Von Freuden fühl ich mich bewegt,
> dass auch mein Garten solche trägt.

Worauf Mephistopheles erwiderte:

> Einst hatt ich einen wüsten Traum,
> da sah ich einen gespaltnen Baum,
> Der hatt ein ungeheures ovales Loch
> ne PhunvahR war's, so gefiel mir's doch.

Neben dem Vergleich vollständiger Äpfel mit den weiblichen Brüsten symbolisieren die Kerngehäuse bei der Länge nach durchgeschnittenen Äpfeln häufig die Vulva. Aus diesem Grund gelten durchlöcherte Äpfel zwar als klassisches Symbol für PhunvahRs, spielen aber bei ¡PhunrahR8-Meditationen derart bearbeitet kaum noch eine Rolle. PhunrahRtis, die mit einer PhunvahR meditieren wollen, greifen mittlerweile fast ausschließlich auf durchlöcherte (möglichst in ovaler Form) Birnen zurück.

Dennoch galt der Apfel gerade aufgrund der zuvor genannten Bedeutungen seit alters her als Symbol sinnlicher Reize und Begierden. Dementsprechend spielte der Apfel auch in der Geschichte „Der blaue Apfel", in Anlehnung an die Versuchung von Adam und Eva im Paradies, durch die Schlange als Verkörperung der Erbsünde, eine entscheidende Rolle.

Im Gegensatz zur christlichen Symbolik, in der der Apfel seit dem 11. Jahrhundert das Zeichen der Erlösung von der auf dem Sündenfall basierenden Erbsünde ist, verkörpert er bei ¡PhunrahR8 die Befreiung die äußeren Umstände als gegeben annehmen zu müssen und nicht auf diese einwirken zu können. Dies geschieht durch das bewusste Hervorrufen von Kreativität. Der Apfel ist damit das erste Hilfsmittel, um die Natur den Wünschen und Bedürfnissen des Menschen anpassen zu können.

Leider sind diese Anpassungen und Eingriffe nicht immer zum Wohle von Natur und Mensch, da sich die innere Auseinandersetzung des Menschen zwischen Gut und Böse direkt auf die Gestaltung seiner Umwelt auswirkt und sich hier die negativen Faktoren im besten Falle mit den positiven zumindest die Waage halten. Dieser Konflikt wird auf Stillleben häufig durch einen Wurm oder eine Fliege in Verbindung mit einem Apfel versinnbildlicht.

Der Apfel ist eine Frucht, die starken Einfluss auf Religion, Literatur und Kunst hatte, und selbst der Heilige Nikolaus wird oft mit drei goldenen Äpfeln abgebildet und auch wenn er ursprünglich den drei armen Schwestern die goldenen Äpfel nur geschenkt haben soll, damit sie heiraten konnten, bekommen heutzutage Kinder am Nikolaustag häufig ebenfalls Äpfel geschenkt. Bei manchen finden sich zudem auch noch dazu passende Stöckchen für ¡PhunrahR8 in den Säckchen.

Im Zusammenhang mit der Weihnachtszeit ist das Volksgut mit dem Titel „In einem kleinen Apfel" sehr beliebt:

In einem kleinen Apfel
da sieht es niedlich aus;
es sind darin fünf Stübchen,
grad wie in einem Haus.
In jedem Stübchen wohnen
zwei Kernchen, braun und klein;
die liegen drin und träumen
vom lieben Sonnenschein.
Sie träumen auch noch weiter
gar einen schönen Traum,
wie sie einst werden hängen
am lieben Weihnachtsbaum.

Auf diesem Kinderlied aufbauend gibt es eine auf ¡PhunrahR8 zugeschnittene Version:

In einem kleinen Apfel
da steckt ein kurzer Stab,
er hilft dem beim Meditieren,
den der ¡PhunrahR8 gerne mag.
Manche sind durchlöchert,
laden zum Durchsehen ein,
PhunvahRs sind geschaffen,
phunrahRtiv lasst die Träume sein.
Die Träume sind besonders,
schaffen kreativen Raum,
ein Kunstwerk wird geboren
vielleicht für den Weihnachtsbaum?

Auch wenn der Apfel ein nützliches Hilfsmittel für ¡PhunrahR8 darstellt, spricht wie bereits erwähnt nichts dagegen die Äpfel nach der Meditation zu essen. Heißt es nicht so schön "An apple a day, keeps the doctor away"? Der Apfel ist der perfekte Snack nach einer erfolgreichen ¡PhunrahR8-Meditation und wird häufig nach Gruppenmeditationen, auch solchen mit herkömmlichen Knubbelstöcken, angeboten. Das Wegwerfen eines Apfels ist für einen PhunrahRti undenkbar. Es gibt auch viele PhunrahRtis die es als ihre Pflicht ansehen, unabhängig davon, ob ihnen Nachwuchs beschert wurde, zumindest einen Apfel- oder auch Birnbaum zu pflanzen. Dies kann im eigenen Garten oder aber auch im öffentlichen Raum geschehen. Schön ist es natürlich, wenn man die Äpfel oder

Birnen irgendwann selbst ernten und für die Meditation nutzen kann.

In der klassischen Traumdeutung geht man davon aus, dass Träume von fauligen oder wurmstichigen Äpfeln auf falsche Freunde aufmerksam machen oder bevorstehende Trennungen ankündigen. PhunrahRtis deuten derartige Träume mit anstehenden kreativen Einbrüchen (z.B. Schreibblockaden), die sich selbst nach ¡PhunrahR8-Meditationen einstellen können und nur durch zusätzliche Meditationseinheiten abgewehrt werden können. Blaue Äpfel dagegen deuten auf einen anstehenden Kreativitätsschub hin, der durch eine umgehende Meditationseinheit freigesetzt werden sollte.

Der blaue Apfel

Und das Mädchen und der Junge standen staunend vor dem einzigen Apfelbaum ihres Kunstgartens, der zugleich grüne, rote und blaue Äpfel trug, als plötzlich und völlig unvermittelt ein kornblumenblauer Scheltopusik aus dem dichten Geäst auftauchte, sich bedächtig den Stamm hinab schlängelte und dabei ohne Umschweife das Mädchen ansprach: Mein liebes Mädchen, warum stehst du so gedankenverloren vor diesem wunderbaren Apfelbaum, der in diesem Garten auch als Dreifarbenbaum der Kreativität bekannt ist? Warum greifst du nicht zu und pflückst einen dieser wundervollen blauen Äpfel, die im Vergleich zu den grünen und roten bereits den perfekten Reifegrad erreicht haben, und teilst ihn mit dem Jungen als Geschenk? Wie gesagt, es ist der Baum der drei Farben die zur Kreativität führen, weshalb die Äpfel auch besonders gut und bekömmlich sind. Speziell der Genuss eines der blauen Äpfel wird euch in Gärten führen, die noch farbenfroher und schöner als dieser sind. Ihr werdet in eine phantastische Welt eintauchen, die euch die besten und buntesten Träume nicht schenken können. Du solltest es versuchen! Das Mädchen erschrak sehr und brachte zuerst keinen Ton heraus. Doch als es sich wieder gefangen hatte, antwortete es verlegen, aber bestimmt: Weil es uns verboten wurde! Dann senkte es den Blick. Der Scheltopusik war nun auf Gesichtshöhe mit ihr und sie konnte deutlich seine gelbe Unterseite sehen, die einen starken Kontrast zu dem durchdringenden Blau bildete. Sein rechtes Auge starrte sie unverwandt an und es erschien ihr, als würde er ihr auf eine besondere und unangenehme Weise mitleidig zulächeln: Ach, was sagst du da du dummes Ding! Wer sollte es euch verbieten, die Früchte des besten aller Bäume zu genießen? Es ist euer Garten und es steht euch frei zu tun und zu lassen, was euch beliebt! Niemand kann euch verbieten, noch schönere Gärten zu suchen! Ist es nicht auch natürlich, den schönsten aller Gärten und den besten aller Träume herbeizusehnen? Das Mädchen war nun sichtlich verunsichert. Der Junge, der reglos neben ihr stand, wirkte wie hypnotisiert und starrte die Baumkrone und die darüber träge dahingleitenden Schäfchenwolken an. Der Anblick hatte ihn offensichtlich in einen tiefen meditativen Zustand versetzt und es war offensichtlich, dass er kein einziges Wort ihrer kurzen Unterhaltung mitbekommen hatte. Das Mädchen hatte ihm zwar nur einen kurzen hilflosen Seitenblick zugeworfen, aber es war ihr klar, dass sie auf seine Unterstützung nicht würde bauen können. Hier, nimm den Stock, der direkt vor deinen Füßen liegt, und steche ihn in diesen besonders großen Apfel, der vom tiefen Blau der Kornblume durchtränkt ist! Der Scheltopusik war dem Mädchen nun ganz nahe und deutete mit seinem Maul erst auf einen Stock am Fuße des Baumes und anschließend auf einen wohlgeformten Apfel in ihrer Reichweite. Komm, ich zeige dir einen Garten von Träumen, die so ungewöhnlich und für euch Menschen unter normalen Umständen eigentlich unvorstellbar sind, dass ihr sie bisher noch nicht einmal erträumen konntet! Der Apfel ist der einzige Weg der zu diesem Garten führt! Lockte der Wurm weiter. Aber ich bin bereits im Garten meiner Träume, erwiderte das Mädchen verwirrt und sah hilfesuchend zu dem Jungen, der immer noch in einer für sie nicht erreichbaren Welt gefangen war, die sich offenbar in oder hinter der Baumkrone befand. Als der Scheltopusik erneut das Wort erhob, war in seiner Tonlage eine gewisse Resignation zu erkennen. Nun gut, wenn du dich mit diesem Garten zufriedengeben und euch beiden den besten aller Gärten vorenthalten möchtest, dann lass es sein und gehe deiner Wege! Er machte eine kurze Pause und fuhr dann mit kalter Stimme fort: Und ich hoffe, du kannst es später dem Jungen erklären! Mit diesen Worten, die sie tief trafen, wandte sich der Scheltopusik ab und begann sich langsam zurückzuziehen. Das Mädchen, nun in einem innerlichen Aufruhr, zögerte noch einen kurzen Moment, um noch einmal kurz den Jungen anzusehen, dessen Zustand jedoch unverändert schien. Dann griff sie mit zitternden Fingern, aber durchaus im vollen Bewusstsein ihrer Handlung, nach dem Stock, nahm all ihre Kraft zusammen und stach mit einem kräftigen und überraschend ruhigen Stoß in den angepriesenen Apfel. Kaum eingedrungen, riss sie ihn mit einem Ruck vom Baum und hielt ihn dem verdutzen Jungen, der genau in diesem Moment den Blick senkte und den aufgespießten und vom Baum abgerissenen Apfel verständnislos betrachtete, vors Gesicht. Wie aus einem Reflex heraus nahm er wortlos das angebotene Geschenk an, streckte, nun auch wieder zu einer Bewegung fähig, seinen sich öffnenden Mund dem Apfel entgegen und nahm einen herzhaften und gewaltigen Bissen von der ihm zugewandten Hälfte. Während ihm noch der Saft übers Kinn lief, zog sie den Apfel wieder weg, hielt ihn sich selbst vor den Mund und biss von der anderen, noch unversehrten Seite ebenfalls tief in das triefende Fruchtfleisch, das sich mit einem zarten Hellblau deutlich von der Schale abgrenzte.

Zuerst schmeckte der Apfel unglaublich süß, wurde aber mit dem weiteren Kauen immer saurer. Dennoch spuckten sie ihre Stücke nicht aus und aßen sie komplett auf. Als, abgesehen von einem säuerlichen Nachgeschmack, nichts weiter von ihren Stücken übrig war, kam ihr wie ein Blitz aus heiterem Himmel die Erkenntnis einen großen Fehler begangen zu haben und sie schleuderte den auf gegenüberliegenden Seiten angebissenen Apfel wütend an die Stelle, wo soeben noch der Kopf des Scheltopusiks gewesen war. Dieser hatte sich aber bereits zurückgezogen, weshalb der Apfel einen abstehenden Ast traf, der sich exakt durch die beiden Hälften bohrte.

Verärgert über diesen Anblick trat sie einen Schritt vor, packte den Stock der immer noch in der angebissenen Frucht steckte, riss den Apfel mit einem Ruck vom Ast und sah ihn wütend an. Eigentlich hatte sie ihn aus einem ersten Impuls heraus einfach fortschleudern wollen, was ihr aber aus irgendeinem Grund, der sich ihr nicht erschloss, nicht gelang. Da sie aber auch keine Idee hatte, was sie mit dem durchstochenen Apfelrest auf dem Stock sonst anfangen sollte, hielt sie das Loch, das die beiden abgebissenen Hälften miteinander verband, vor ihr rechtes Auge und blickte durch den kleinen Tunnel im Fruchtfleisch den Jungen an. Dieser schien nun wieder völlig aufgewacht zu sein, verstand aber offensichtlich nicht, was soeben geschehen war.

Mit einem Schaudern registrierten sie auf einmal, dass es um sie herum ungewöhnlich still war und obwohl von dem Scheltopusik keine Spur mehr zu sehen war kamen sie sich dennoch beobachtet vor. Zum ersten Mal in ihrem Leben wurde es ihnen unheimlich zumute und sie fühlten deutlich, wie mit der Stille die ehemalige Sicherheit, die sie bisher immer auf ihrem Weg durch den Kunstgarten begleitet hatte, schwand. Die Erkenntnis ließ ihnen einen kalten Schauer über den Rücken laufen und sie frösteln. Auf einmal fühlten sie sich schutzlos und nackt. Ein Gefühl, das sie bisher nicht gekannt hatten. Wie angefroren standen sie sich gegenüber, bis der Junge als Erster reagierte. Ohne groß darüber nachzudenken hob er zwei Feigenblätter vom Boden auf und reichte eines davon dem Mädchen. Dann verdeckten sie mit den Blättern ihre Scham und sahen sich verunsichert an.

Sie kamen sich ein wenig albern vor, wie sie mit den Feigenblättern in ihren Händen Stellen zu verdecken versuchten, die für sie eigentlich so normal wie die umliegende Natur waren. Doch die Dinge hatten sich verändert und wenig war noch so wie sie es kannten. Der Garten, der immer so voller Leben gewesen war, hatte sich plötzlich in eine Ruhezone verwandelt und selbst die vielen bunten Vögel, die sich normalerweise ohne Unterlass in waghalsigen Flugmanövern spielerisch und laut kreischend durch die Baumkronen jagten, hielten sich versteckt. Auch wenn sie oberflächlich den Eindruck hatten, dass alles Leben aus dem Kunstgarten verschwunden zu sein schien, spürten sie dennoch die Blicke von unzähligen anklagenden, kopflosen Augenpaaren auf ihnen lasten. Alle Lebewesen schienen noch da zu sein und waren doch fort. Sie ließen sie allein in einer bunten Welt ohne sichtbares Leben. Die Stille lastete nun schwer auf ihnen.

Sie verstanden zwar nicht wirklich, was geschehen war, aber tief in ihren Innersten wussten sie, dass der Zauber gebrochen war. Es würde nie mehr so werden, wie es war. Sie hatten das was ihnen gegeben war nicht zu schätzen gewusst und es achtlos aufgegeben. Sie waren bereits bei dieser ersten Versuchung schwach geworden und der Verlockung erlegen, nach mehr zu streben. Was habe ich nur getan? Begann das Mädchen zu jammern. Obwohl es uns verboten war, habe ich mich hinreißen lassen und uns beide ins Verderben gestürzt. Was soll nur aus uns werden und wie soll ich mit dieser Schuld zurechtkommen? Der Junge sah das Mädchen einen Moment ausdruckslos an, dann wusste er, was zu tun war. Ohne ein Wort zu erwidern, packte er einen weiteren Stock vom Boden und stach ihn ebenfalls in einen blauen Apfel vom Baum der Kreativität. Er reichte ihn wortlos dem Mädchen und sie verstand instinktiv, wie sie auf dieses Geschenk zu reagieren hatte. Ohne zu zögern bissen sie noch einmal, diesmal gemeinsam, in einen weiteren blauen Apfel vom verbotenen Baum. Diesmal war es allerdings anders als zuvor, denn der Bissen war erst unglaublich sauer und das Apfelstück wurde erst mit dem weiteren Kauen süßer. Sie kauten ausgiebig und genossen diese überraschend positive Veränderung, die ihnen als sehr angenehmer Nachgeschmack noch eine Weile erhalten bleiben sollte. Als sie fertig waren, riss er übermütig einen kleinen gegabelten Ast vom Dreifarbenbaum, packte mit der Faust die Gabelung, stieß das Astende, das zwischen seinem Mittel- und Ringfinger steckte, mit einem kurzen heftigen Stoß durch das offengelegte Kerngehäuse.

Dann zog er den Ast wieder heraus, hielt sich den durchstochenen Apfel vor sein rechtes Auge und sah sie durch das Loch an. Sie trat nun ebenfalls näher und beide blickten sich durch die triefenden Tunnel direkt in die Augen. Nach einer kurzen meditativen Versunkenheit in den Tiefen ihrer rechten Augen, begannen ihre Blicke über ihre Körper zu wandern. So unverwandt hatten sie sich noch nie zuvor angesehen. Sie erkundeten jeden Zentimeter des jeweiligen Gegenübers. Schließlich begann sich zuerst das Mädchen und anschließend der Junge zu drehen. Als sie sich nach einer gefühlten Ewigkeit sattgesehen hatten, lüfteten beide in stiller Übereinkunft ihr letztes Geheimnis, das eigentlich nie ein Geheimnis gewesen war, indem sie die Feigenblätter zu Boden fallen ließen. Stumm beobachteten sie den kurzen Flug der Blätter, die sich zu ihren Füßen mit den Spitzen überlappten und so eine ungewöhnlich kantige, aber deutlich erkennbare Acht bildeten. Es war genau dieser kurze Moment, als sich die Blätter auf dem Boden vereinigten, der in ihnen den Samen der Erkenntnis setzte, wie die Natur sie zusammenfügen und aus ihnen eine Einheit schaffen wollte. Plötzlich sahen sie klar, verstanden was kommen sollte und was ihre Bestimmung war. Doch die Erkenntnis war noch zu frisch und auf bewusste und gezielte Berührungen waren sie noch nicht vorbereitet. So standen sie sich schweigend und schüchtern gegenüber und betrachteten ihre nackten Körper vor dem bunten Hintergrund des stillen Kreativgartens, der sich vor ihren Augen veränderte und immer bunter und schöner wurde.

Sie waren so in die gemeinsame Vision versunken, dass sie erst durch ein leises Rascheln in den Blättern des Apfelbaums wieder ihre Umwelt wahrnahmen. Unisono blickten sie genau in dem Moment nach oben, als sich die ersten Äpfel von ihren Stielen lösten und ihnen entgegenkamen.

Es wäre eigentlich ein Leichtes gewesen, noch rechtzeitig zur Seite zu springen und sich in Sicherheit zu bringen. Vermutlich lag es aber an ihrer Überraschung, die Äpfel ohne ersichtlichen Grund fallen zu sehen, die sie auf ihren Stellen wie angewurzelt verharren ließ. Obwohl es absolut windstill war, prasselten die Äpfel wie ein Hagelschauer auf sie herunter. Das ging alles sehr schnell und einen Moment später war der Spuk auch schon wieder vorbei und der Baum von sämtlichen Äpfeln befreit. Ungläubig blickten sie zu Boden und betrachteten die beiden grün-rot-blauen Apfelkreise. Die Äpfel, die allesamt in ihre Richtung gefallen waren, lagen kaum einen Fuß von ihnen entfernt und hatten sie dennoch nicht getroffen. Sie waren ohne zu rollen an der jeweiligen Aufprallstelle liegen geblieben und hatten zwei exakte, miteinander zu einer Acht verbundenen, Kreise gebildet. Das Mädchen und der Junge fanden sich jeweils exakt im Zentrum der Kreise.

Geschockt, aber dennoch fasziniert, betrachteten sie die dreifarbige Acht zu ihren Füßen. Dabei entging es ihnen zunächst, dass nun eine leichte Brise aufgekommen war. Erst als die Brise zu einem starken Wind anschwoll, registrierten sie die Veränderung und sahen sich um. Der Himmel war wolkenlos und, abgesehen von dem von sämtlichen Äpfeln befreiten Kreativbaum, begann sich die Lage langsam wieder zur normalisieren. Um sie herum war es zwar noch ruhig, aber bei genauem Hinhören konnten sie nun ein leises Rascheln der Blätter vernehmen, obwohl diese sich nicht zu bewegen schienen. Dankbar nahmen sie dieses Geräusch, das ebenfalls keine erkennbare Ursache hatte, auf und selbst als sich der Wind zum Sturm und kurz darauf zum Orkan steigerte überwog ihre Erleichterung über die zumindest hörbare Regung der Natur. Die Winde stürmten wütend um sie herum, kamen aber nur bis an die beiden Apfelkreise heran. Die Kreise wirkten wie das Auge eines Taifuns und schützten sie vor den entfesselten Kräften der Natur.

Mit einem flauen Gefühl im Magen beobachteten sie das Treiben, bis sie plötzlich ohne Vorwarnung aus dem Nichts heraus von einer starken Böe, die sie wie eine kalte Hand packte, aufgegriffen und aus dem Schutz ihrer Apfelkreise heraus in die Luft gehoben wurden. Sie gewannen so schnell an Höhe, dass sie für einen Moment die Besinnung verloren und erwachten erst, als der Wind sie wieder freigab und knapp über dem Boden aus seinem Griff ließ. Dennoch war der Aufprall hart und schmerzhaft. Benommen rieben sie sich die Augen, richteten sich auf und sahen sich um. Der Wind hatte sich bereits wieder verzogen und es wehte nicht das leiseste Lüftchen. Es dauerte eine Weile, bis sie sich an die neue Umgebung gewöhnt hatten. Der Sturm hatte sie offensichtlich weit aus dem Garten hinaus in eine trostlose Wüste getragen, die sie bisher vom Garten aus nicht wahrgenommen hatten. Ausdruckslos starrten sie auf den bunten Fleck in der Ferne, der soeben noch ihr Zuhause gewesen war. Mit einem Mal spürten sie die heißen

Sonnenstrahlen, die erste Schweißperlen, was sie bisher noch nicht gekannt hatten, aus ihrer nackten Haut wachsen ließen. Erstaunt beobachteten sie, wie diese sich sammelten, um in kleinen Rinnsalen an ihren nackten Körpern hinabzulaufen. Da sie jedoch für den nächsten Schritt noch nicht bereit waren und bewussten körperlichen Kontakt auch weiterhin vermieden, klammerten sie sich an ihre Stöcke, die sie während des Fluges trotz ihrer Ohnmacht mitsamt der angebissenen Äpfel krampfhaft festgehalten hatten.

So verharrten sie eine Weile, bis sie plötzlich, und ohne ersichtlichen Grund, zeitgleich die Stöcke mit den Äpfeln vor ihr jeweils rechtes Auge hoben und durch das Loch hindurch auf den Garten sahen. Kurz darauf ließen sie ihre Arme in einer gemeinsamen Bewegung wieder sinken, standen auf und begannen, ohne sich abgesprochen oder sonst irgendwie darauf verständigt zu haben, in Richtung Garten zu laufen.

Weit kamen sie allerdings nicht. Bereits nach einigen wenigen Schritten wurden sie von einer unsichtbaren, ungewöhnlich weichen, aber zugleich auch kalten Wand abrupt gestoppt. Panisch begannen sie die Wand abzutasten und gewannen schnell den Eindruck, dass es sich anscheinend um eine Art verdichteten Wind handelte, der exakt an dieser Stelle zum Stillstand kam und so eine undurchdringliche Wand schuf. Der Wind, der sie aus dem Kunstgarten getragen hatte, war nun offensichtlich in die Rolle des Wächters geschlüpft, der ihre Rückkehr verhindern sollte.

Irritiert ließen sie sich direkt vor der unsichtbaren Wand des Windes auf dem staubigen Boden nieder und betrachteten die unerreichbar gewordene ehemalige Heimat. Es war heiß und die Sonne brannte weiterhin gnadenlos auf sie herunter. Unbewusst, und ohne zu verstehen, warum sie es taten, wischten sie sich mechanisch die Schweißperlen von ihren Körpern. Vermutlich war es eine Luftspiegelung oder ein Vergrößerungseffekt der durchsichtigen Wand, welche ihnen den Eindruck vermittelten, der Kunstgarten hätte sich genähert, denn obwohl sie sich nicht weiter auf ihn zubewegt hatten, war er nun wesentlich deutlicher zu sehen. Doch trotz dieses Phänomens wussten sie instinktiv, dass sie ihn dennoch nicht erreichen und vermutlich nie wieder dorthin zurückkehren könnten. Deprimiert hoben sie erneut ihre angebissenen Äpfel auf Augenhöhe und blickten durch die Löcher zum Kunstgarten, der beim Blick durch die kleinen Tunnel in ein seltsam blaues Licht getaucht war. Sie sahen lange auf ihre ehemalige Heimat, die sie leichtfertig aufs Spiel gesetzt hatten und aus der sie in der Folge durch einen Gewaltakt herausgehoben worden waren. Als sie nach einiger Zeit müde wurden, steckten sie die Stöcke nebeneinander in den Boden und legten sich mit den Gesichtern dem Garten zugewandt, das Kinn auf ihren gefalteten Handflächen ruhend, hinter die Stöcke. Dabei blickten sie allerdings nun nicht mehr durch die Löcher. Aus einer Laune heraus hatten sie die Stöcke um neunzig Grad gedreht und nun folglich die runden und unversehrten schmalen blauen Schalenstreifen der Äpfel im Blickfeld. Damit wurden die Äpfel wieder Teil des Gartens, ohne jedoch dazuzugehören. Dennoch wirkte der Zauber und die Verbindung von Apfel und Garten auf eine seltsame Weise beruhigend auf sie. Dieses Gefühl aufgreifend, begannen sie mehr unbewusst zu meditieren und versanken nach wenigen Momenten in einen tranceähnlichen Zustand, der später durch ein leises Chanten noch weiter vertieft wurde. Sie sprachen Mantras, die sie weder verstanden noch zuvor gesprochen hatten. Ohne sich dabei abzustimmen, kamen ihnen die gleichen Worte über die Lippen, wobei die beiden Silben "phun" und "rahr" dominierten, die für sie aber keinerlei Bedeutung hatten.

Aus dem Chanten wurde ein leises Summen. Sie ließen ihre Gedanken um die Äpfel kreisen, welche vor ihren Augen ihre Umgebung zu verwandeln begannen. Der immer noch wolkenlose Himmel veränderte sich und nahm die Farbe der Äpfel an. Ihr ganzes Umfeld war nun in ein einheitliches Blau gehüllt. Vermutlich war es das Zusammenspiel der farblichen Veränderung in Kombination mit ihrer totalen Versunkenheit, was die angebissenen Apfelstücke erst die Form einer knospigen Blüte und im nächsten Moment einer aufgegangenen Kornblume annehmen ließ? Die Äpfel hatten sich vor ihnen in Kornblumen verwandelt und das Blau der Blüten begann sich langsam über die Stöcke auszubreiten. Die intensive geistige Schaffung der blauen Blume in Verbindung mit dem Garten als Hintergrund hatte einen plötzlichen und unglaublichen Kreativitätsschub zur Folge. Beide ereilte unabhängig voneinander die gleiche Vision von einer möglichen zukünftigen Zivilisation, in der viele Menschen in einem fruchtbaren Garten, wie sie ihn selbst kennengelernt hatten, zusammenlebten. Noch halb in Trance zogen sie die Stöcke aus dem Boden, legten die Äpfel auf die Seite und begannen wie von Sinnen ihre Visionen in den Sand zu zeichnen, wobei diese sich optimal ergänzten. Dann betrachteten sie den gemeinsam geschaffenen Entwurf, standen langsam auf, steckten die Stöcke wieder in die Äpfel und machten sich auf den Weg.

Später, als sie hungrig wurden, aßen sie die Apfelreste, die nun weder besonders süß noch besonders sauer waren, und ersetzten diese, in Erinnerung an ihre Verwandlung in Kornblumen, durch die ersten Knubbelstöcke, die sie am Wegrand fanden. Später entdeckten sie dann noch blaue Beeren, die zwar nicht besonders schmeckten, sich aber hervorragend zum Färben der Stöcke eigneten. Bei den Knubbeln gaben sie sich besondere Mühe und grenzten mit künstlerischem Geschick die noch gefalteten Blüten voneinander ab. Mit der Zeit wurde ihre Technik sogar so gut, dass man die knospende Blüte, die ausschließlich aus Blautönen bestand, sehr gut erkennen konnte.

Diese Stöcke nutzten sie gezielt zur Meditation, die ihnen immer wieder das Bild der blauen Blume, die exakt der später entdeckten Kornblume entsprach, vor ihr inneres Auge rief, und schufen dank der einsetzenden Kreativitätsschübe aus dem Nichts Dinge jenseits ihrer bisherigen Vorstellungskraft. Damit legten sie den Grundstein für die folgenden Generationen und für ein Umfeld, das uns heute ohne den Einsatz von Kreativität normal und wie immer gegeben erscheint, doch das ist ein Irrtum, denn alles, was ist, ist das Ergebnis von Kreativität – und damit von ¡PhunrahR8!

¡PhunrahR8 in der Romantik

Bei der Romantik handelte es sich um eine kulturgeschichtliche Epoche, die vom Ende des 18. Jahrhunderts bis weit in das 19. Jahrhundert hineinreichte und sich insbesondere auf den Gebieten der bildenden Kunst, der Literatur und der Musik äußerte.

Aus Friedrich von Schlegels (Begründer der Jenaer Frühromantik) Sicht bedeutet Romantik die Abwendung von der Antike und von klassischen Vorbildern. Damit wenden sich die Romantiker von den klassischen Formen ab und erschließen sich Themen aus ihrer eigenen Kultur und Geschichte. Ferner orientiert sich die Romantik auch stark an der Sagen- und Mythenwelt des Mittelalters.

Romantik und romantisch bedeuten im heutigen Sprachgebrauch meist einen sentimentalen Zustand des Gefühlsreichtums. Manche sprechen auch von romantischer Verklärung. Ein Zustand der dem meditativen Zustand sehr nahe kommt.

Die Grundthemen der Romantik sind Gefühl, Leidenschaft, Individualität und individuelles Erleben, was sehr gut mit ¡PhunrahR8 harmoniert, sowie Seele, speziell die gequälte Seele. Die Romantiker könnten ¡PhunrahR8 genutzt haben, um in sich zu gehen und ihre Seelenqualen in Kreativität umzuwandeln, um diese wiederum in wilden Kunstergüssen, in Form von Worten, Bildern oder Objekten, aus sich heraus zu lassen. Dadurch dürfte nicht immer leicht verdauliche, meist aber interessante Kunst, die vermutlich häufig

Empfindungen wie Sehnsucht, Mysterium und Geheimnis künstlerisch dargestellt präsentierte, entstanden sein. Dieses Thema ist zwar noch Forschungsgegenstand von verschiedenen ¡PhunrahR8-Meistern, bietet aber bereits Raum für konkrete Vermutungen bzw. Zuordnungen von Werken.

Gemäß Novalis glaubt der Romantiker an einen Bruch, der die Welt in die Welt der Vernunft und in die Welt des Gefühls sowie des Wunderbaren gespalten hat. Dies, so wie die in der deutschen Romantik innewohnende treibende Kraft einer ins Unendliche gerichteten Sehnsucht nach Heilung der Welt, nach der Zusammenführung von Gegensätzen zu einem harmonischen Ganzen, könnten die Gründe für das Wiederaufleben der Geschichte vom blauen Apfel sein. Obwohl sie es eigentlich besser wissen sollten, handeln das Mädchen und der Junge wider der Vernunft, indem sie der Verlockung des Scheltopusik erliegen und die beiden Äpfel vom verbotenen Baum pflücken und in sie hineinbeißen. Später, nachdem der Wind sie fortgetragen hat und sie feststellen, dass ihnen die Rückkehr verwehrt wird, finden sie unbewusst zur Apfelmeditation, um sich eine neue Welt vorzustellen und damit die verlorene Welt, wenn schon nicht wiederzuerlangen, so zumindest neu zu erschaffen. In diesem Zusammenhang ist es sicher kein Zufall, dass sie dafür einen blauen Apfel, der in seiner angebissenen Form durchaus mit einer Blume vergleichbar ist, als Meditationsobjekt heranziehen, denn der blaue Apfel, als Verkörperung für die Suche nach der inneren Kreativität, ist die ideale Ergänzung für die blaue Blume, welche die romantische Suche nach innerer Einheit, Heilung und Unendlichkeit symbolisiert. Ähnlich der blauen Blume ist auch der blaue Apfel etwas, das vermutlich jeder sucht, ohne es selbst zu wissen, da der Apfel als Transportmedium bei ¡PhunrahR8 sowohl die Sehnsucht nach kreativer Entfaltung, als auch den Schlüssel für den Zugang zu ihr, verkörpert. Dementsprechend ist die Suche nach dem blauen Apfel nichts anderes als der Wunsch ¡PhunrahR8 zu praktizieren, um in der Folge die inneren kreativen Kräfte (wieder) zu wecken.

Die blaue Blume, die für sich alleine genommen bereits ein kraftvolles Symbol für eine besondere und eigene Suche darstellt und damit starke kreative Kräfte in Schwingung bringt, gilt bei PhunrahRtis als besonders kraftvoller Transformator für die Suche nach einer Kreativität die über das Spirituelle hinausgeht, sich aber dennoch im täglichen Leben materialisieren und zeigen lässt. Durch die Nutzung eines solchen außergewöhnlichen Kraftgegenstands wird der Kreativitätsschub deutlich verstärkt.

Ein weiterer Grund für den Erfolg der Geschichte dürfte deren vermutete Entstehung im Mittelalter, das als ideal galt und verherrlicht wurde, sein. Gerade Kunst und Architektur aus dieser Epoche wurden geschätzt, gepflegt und gesammelt. In diesem Zusammenhang wurden sogar Ritterbünde nach alten Vorbildern gegründet, wobei bei der Wildensteiner Ritterschaft auf blauer Erde erneut das farbliche Motiv von ¡PhunrahR8 auftauchte.

Die Romantiker sahen ihre Aufgabe in der Heilung des zuvor genannten Bruchs durch die Welt, der auch die Individuen mit einschloss. Dafür dürften sie u.a. auch ¡PhunrahR8 und die daraus entstandenen Kunstwerke genutzt haben, wobei vermutlich auf die Technik des Chanten, nach textlichen Vorlagen von Romantikern, zurückgegriffen wurde.

Neben der Geschichte von den drei armen Schwestern ist auch der blaue Apfel als ein Werk aus der „Kindheit der Menschen", sprich aus Märchen, Sagen, Volksliedern und im Mystizismus des Mittelalters zu sehen. Dabei war es durchaus keln WIderspruch, dass die Geschichte nicht in heimischen Gefilden spielt, denn es wurden gerne auch Anstöße in exotischen Ländern gesucht. Das „Wahre" wurde nicht im Intellektuellen gesehen, sondern in der Kreativität, hervorgerufen durch das natürliche und wahrhaftige Meditationsverhalten des einfachen Volkes.

Die Romantik ist auch die Zeit, in der das Unbewusste der menschlichen Psyche in der Literatur ausgelebt wird und häufig als Ergebnis von ¡PhunrahR8 zum Vorschein gekommen sein dürfte. Als schöner Nebeneffekt der kreativen Ergüsse dürften Kunststile untereinander sowie mit der Wissenschaft vermischt worden sein. Dabei war es nicht wichtig ob die jeweiligen kreativen Ergebnisse erhalten blieben. Es stand dem Autor, der über seinem Werk stand, frei, diese wieder zu zerstören und erneut in den Meditationsprozess einzutauchen und Neues zu schaffen.

Nach Rousseau war die Romantik auf der Suche nach dem Naturzustand (état naturel), der für den modernen Menschen jedoch unerreichbar geworden war und auch durch die Kunst nicht adäquat dargestellt werden konnte. Um bestehen zu können, musste das romantische Kunstwerk seine eigene Scheinhaftigkeit zur Schau stellen. Demzufolge war sein zentraler Darstellungsgegenstand eine Sehnsucht nach einem unbekannten Ziel. Ein derartiges Ziel kann selbst durch ¡PhunrahR8 nur dann erreicht werden, wenn sich der Meditierende voll und ohne Ablenkung der kreativen Eingebungen hingibt und sich im Anschluss allein von den kreativen Kräften führen lässt. Sehnsucht als Motiv wurde beispielsweise sowohl in Texten als auch in der Malerei von Caspar David Friedrich ausgedrückt.

Romantik gilt Vielen als eine Fortsetzung der Religion mit ästhetischen Mitteln. Demzufolge kann man den ¡PhunrahR8-Stock auch als Kelch der Romantik ansehen. Auch wenn der Apfelstock in der Romantik immer wieder auftaucht, war vermutlich doch der klassische Knubbelstock aus Holz oder als Guss aus Eisen im Mittelalter das primär genutzte ¡PhunrahR8-Utensil.

Bis heute hält sich hartnäckig das Gerücht, dass in der Romantik eine Vielzahl junger Dichter beim Schreiben auf die überlieferte Technik der Kunstmeditation zurückgegriffen hätte. Verschiedene, noch im Detail auszuwertende, Quellen legen die Vermutung nahe, dass in der Romantik vorrangig auf die Technik der reinen Naturmeditation, welche die Kreativkräfte der Natur zur Entfaltung der eigenen Kreativität nutzt, zurückgegriffen wurde. Wegen ihrer Schlichtheit und Reinheit waren einfache Baum-Wolken-Meditationen sowie Landschafts-Meditationen, bei denen künstlerisch bearbeitete Holzrahmen auf Ständern positioniert wurden, um einen kleinen Ausschnitt der dahinter liegenden

Landschaft einzufangen, besonders beliebt. Anfangs wurden vor diese Rahmen noch klassische, unbehandelte Knubbelstöcke oder einzelne Kornblumen im knospigen Zustand gehalten, die in die Rahmen hineinragten und damit die eigefangenen Landschaftsausschnitte ergänzten und über denen Rahmen hinaus eine besondere Nähe, und damit einhergehende Verbundenheit, zu den Meditierenden hervorriefen. Bald, und um dem Abbild der knospigen Kornblume so nah wie möglich zu kommen, wurden die Knubbel mit einer aufgemalten Knospe der heimischen Kornblume verziert oder gleich in die Form einer knospigen Kornblume geschnitzt und eingefärbt. Dabei waren die Hüllenblätter anfangs noch grün abgegrenzt, wobei man allerdings später der Einfachheit halber häufig dazu überging, die Blätter sowie auch den restlichen Stock komplett kornblumenblau zu bemalen, was sich bis in die heutige Zeit als die klassische ¡PhunrahR8-Stockfarbe gehalten hat. In der Folge gilt die heimische Kornblume als ¡PhunrahR8-Blume, was auch durch das Kornblumenblau des ¡PhunrahR8-Symbols zum Ausdruck gebracht wird.

Die Kornblume ist heutzutage eine beliebte Zierpflanze von ¡PhunrahR8-Anhängern und obwohl ihr bisher keine direkte Heilkraft nachgewiesen werden kann, wird sie gerne gegen Entzündungen, Hautrötungen und Bindehautreizungen genutzt. In manchen Fällen ist sie auch Bestandteil von selbsthergestellter Kosmetika.

Aus der Stockmeditation wird ¡PhunrahR8

Die historischen Grundlagen der heute bekannten ¡PhunrahR8-Meditationstechnik wurden im zweiten Jahrzehnt dieses Jahrtausends aus bereits bekannten sowie weniger bekannten geschichtlichen Ereignissen hergeleitet und von Künstlern des Münchner Kunstvereins Künstler ohne Vergangenheit e.V., die sich in diesem Zusammenhang autodidaktisch zu ¡PhunrahR8-Meistern ausbildeten, als eigenständige Kunstform entwickelt und etabliert. Dabei wurden die ursprünglichen Elemente aus keltischer Zeit (z.B. in Stein gehauene Bilder oder Kohlezeichnungen auf Felsen sowie bestimmte Symbole und Motive) aufgegriffen und durch moderne Bilder ersetzt.

Ferner wird bei der modernen Grundform dieser Meditationstechnik oft der Knubbelstock aus Holz durch künstlich hergestellte Knubbelstöcke aus nicht-natürlichen Materialien oder durch wechselnde Begriffe zur freien Assoziation ersetzt; d.h. in diesem Fall werden Begriffe als Meditationsmedium über die Bilder gelegt.

Dennoch greifen auch heute noch viele PhunrahRtis auf die überlieferte Technik mit natürlichen Knubbelstöcken zurück und halten oder stecken diese vor eine Leinwand oder einen Bildschirm mit wechselnden Bildern. Diese Methode kann ebenfalls um Worte ergänzt werden; wobei allerdings darauf zu achten ist, dass die Worte über dem Stock auf der Leinwand erscheinen. Die Kraft des Stocks darf durch die Worte und die Kraft des Werkes durch den Stock oder die Worte nicht unterbrochen oder verwässert werden. Die genannten Techniken können sogar am Arbeitsplatz sowie am heimischen Computer angewandt werden.

Der Münchener Kunstverein Künstler ohne Vergangenheit e.V., dem auch die bisher einzig bekannten ¡PhunrahR8-Meister angehören, bietet in diesem Zusammenhang eine 8-Minuten ¡PhunrahR8-Meditation für zuhause oder den Arbeitsplatz sowie über die angeschlossene KreativAkademie Vorlesungen und praktische Übungen zu ¡PhunrahR8 an.

Herleitung des Wortes ¡PhunrahR8

Der Namen ¡PhunrahR8 basiert auf dem gemeingermanischen Gottesnamen Þunaraz (siehe auch Kapitel "Der keltische Gott Taranis"), auf dem Rad des "Radgottes" (siehe Kapitel "Taranis und die 8") sowie dem spanischen sich nach oben öffnenden Ausrufezeichen „¡" das als Symbol für den ursprünglichen Meditationsstock mit Knubbel steht und damit die übernommenen traditionellen Elemente der Stockmeditation hervorhebt und betont. Das Ausrufezeichen ist ferner ein Zeichen der besonderen kreativen Kraft, die der Meditationstechnik innewohnt.

Das ¡PhunrahR8-Symbol

Das ¡PhunrahR8-Symbol setzt sich aus einem großen kobaltblauen P, dessen Fuß in einem Knubbel endet, der 8, welche die Rundung des Ps weiterführt und im Zentrum des Buchstaben abschließt bzw. vollendet und dem Scheltopusik, der mit seinem langen Hals die 8 über das Zentrum hinaus nach links weiterführt, zusammen. Das Symbol ist blau, wobei der untere Rand des über das Zentrum hinausgehenden Halses des Scheltopusiks gelb ist. Der Scheltopusik wurde aufgrund seiner Rolle in der der Geschichte vom blauen Apfel nachträglich in das Symbol aufgenommen.

Der Bauch des Ps wird zudem von einigen PhunrahRtis auch als Symbol für die PhunvahR angesehen.

¡PhunrahR8-Kraftsymbole

Bei den ¡PhunrahR8-Kraftsymbolen ist an erster Stelle der Knubbelstock zu erwähnen. Auf Grund seiner positiven Konnotation nutzen ihn viele PhunrahRtis auch im Alltag in den verschiedensten Formen als Kraftquelle, entweder als konkretes Symbol, oder in ihrer Vorstellung. Das innerliche bildhafte Hervorrufen des Stocks wird dabei für einfache Konzentrationsübungen bis hin zu komplexen Meditationen genutzt, in denen sich die PhunrahRtis den Stock bildhaft als Kraftquelle vorstellen und spüren, wie das von ihm ausgehende Kraftfeld ihre Körper durchflutet. Dabei beschränkt sich der Effekt des imaginären Stockes nicht nur auf das Hervorrufen von Inspiration und Kreativität. Manche nutzen ihn darüber hinaus auch als Quelle für neue Energie oder unterstützend zur Heilung von Krankheiten und Befindlichkeiten.

Denjenigen, die den Stock konkret vor Augen haben möchten, bietet sich eine Palette von Möglichkeiten. Nachfolgend ein paar konkrete Beispiele in welcher Form man sich den Knubbelstock in den Alltag holen kann:

- Als Foto (z.B. auf dem Schreibtisch)
- Als Startbild auf dem Smartphone oder PC
- Als Schmuckanhänger, an einem Armband oder einer Halskette
- Als kleine Tätowierung im Handbereich
- Als Spazierstock
- Immer wieder neu gezeichnet neben Notizen oder auf Unterlagen

- Man trägt einen Knubbelstock bei sich

Weitere gern genutzte ¡PhunrahR8-Kraftsymbole sind die Acht, Hammer in den verschiedensten Ausführungen, Birnen und Äpfel, Scheltopusiks sowie alles, was sich individuell mit ¡PhunrahR8 in Verbindung bringen lässt.

Der Scheltopusik im ¡PhunrahR8-Symbol

Bei dem Scheltopusik, auch als Panzerschleiche bekannt, handelt es sich um eine Echsenart aus der Familie der Schleichen. Der Scheltopusik kann eine Gesamtlänge bis 1,4 Meter erreichen und der Name, aus dem Russischen kommend, bedeutet so viel wie Gelbbauch. Auch wenn sich der kräftige Kopf nur unwesentlich vom Rumpf absetzt, so erinnert der Scheltopusik doch mehr an einen Knubbelstock , als es die Schlange tut. Dieses unscheinbare Unterscheidungsmerkmal dürfte der Grund sein, warum der Scheltopusik in der Geschichte vom blauen Apfel die Schlange ersetzt und damit letztendlich im ¡PhunrahR8-Symbol aufgenommen wurde.

Zudem spricht für den Scheltopusik, dass der größte Teil seiner Nahrung aus Schadinsekten besteht und er damit dem Menschen sehr nützlich ist. Bei Gefahr flieht er oder bleibt wie ein abgelegter Stock still und ruhig liegen. Bei einem Angriff versucht er sich durch kräftige Drehbewegungen zu befreien. Wenn diese Technik ihre Wirkung verfehlt, verfallen Scheltopusiks in Akinese. Beißen ist kein Teil des Abwehrverhaltens.

Fundorte von ¡PhunrahR8-Spuren

Die ersten Hinweise auf die Existenz von ¡PhunrahR8-Stöcken aus keltischer Zeit, wurden in der Aubinger Lohe (korrekt ausgesprochen „Aubinger Loche", was jedoch selten genutzt wird) entdeckt, als man im tieferen Erdreich in der Nähe der Viereckschanze einen guterhaltenen, ellenlangen verzierten Eisenstock mit einem Knubbel an einem Ende fand. Anfangs ging man davon aus, dass es sich um einen Vorläufer des mittelalterlichen Streitkolbens handelte. Erst weitere Funde von einigen gut erhaltenen Metallteilen und Schüsseln, auf denen vereinzelt Bilder von stilisierten Stöcken zu erkennen waren, brachten Aufschluss über die mögliche Natur des Stocks. Obwohl außer dem genannten sämtliche weitere, ähnlich geformte Eisenstäbe allesamt außerhalb von Rätien gefunden wurden, gilt die Aubinger Lohe seit diesem Fund als Ursprungsgebiet von ¡PhunrahR8. Dies ist zudem auch der Tatsache geschuldet, dass sich der Fundort in Überlieferungen nachträglich in die Reste der ehemaligen Viereckschanze hinein verschoben hat. Die Viereckschanze, auch Aubing 1 genannt, gilt als ein besonderer und vor allem positiver Kraftort. Sie liegt Idyllisch eingebettet an einem Hügel in der Aubinger Lohe. Ihre Besonderheit besteht darin, dass ihr Innenraum nahezu gleich hoch ist wie die deutlich ausgeprägten umlaufenden Wälle, was sehr selten ist. Die Viereckschanze ist sehr gut erhalten und lockt viele PhunrahRtis in die Aubinger Lohe zum Meditieren.

Die Aubinger Lohe ist ein Waldgebiet auf einem Hügel am westlichen Rand von München in Deutschland. Sie liegt auf dem Gebiet der Stadt München und wird im Norden vom

Stadtteil Lochhausen, im Südosten vom Stadtteil Aubing und ansonsten von Wiesen und Feldern umgeben. Neben dem genannten Stock wurden im Süden und Südosten der Aubinger Lohe Siedlungsspuren aus Bronze-, keltischer und römischer Zeit gefunden, deren Analyse u.a. auch auf die Nutzung von Meditationsstöcken schließen lassen. Ferner gibt es mit Aubing 2 noch eine weitere Keltenschanze sowie konkrete Hinweise auf zwei ehemalige ¡PhunrahR8- Meditationsplätze innerhalb der beiden Viereckschanzen. Im Nordosten liegt auf dem Hügel der sagenumwobene Aubinger Burgstall, der im Umland auch Teufelsberg beziehungsweise Teufelsburg bezeichnet wird (Quelle Wikipedia).

Grundlegende Techniken und Hilfsmittel von ¡PhunrahR8

Meditationstechnik mit besonderen Zielen

¡PhunrahR8 ist keine Meditation im klassischen Sinne. Es werden zwar Elemente klassischer Meditationen (z.B. Stille und Kontemplation) vereint, allerdings mit dem Ziel, als Grundlage für die Anregung der Phantasie zu dienen bzw. um aus der Ruhe oder Stille heraus den kreativen Prozess anzustoßen, der in jedem von uns schlummert.

Ferner wird bei ¡PhunrahR8, ähnlich wie in den östlichen Kulturen, wo Meditation als eine grundlegende und zentrale bewusstseinserweiternde Übung gilt, die Erweiterung angestrebt, welche allerdings bei ¡PhunrahR8 eher im Sinne der Schaffung bzw. der Erweckung der inneren kreativen Kräfte über die Phantasie sowie als Umwandlung bzw. Übergang von Phantasie in Kreativität zu verstehen ist. Kurzzeitige Effekte wie eine Leere, das „im Hier und Jetzt sein", oder „frei von Gedanken sein" dienen allein dazu, kurz Luft zu holen, um den geistigen Kreativprozess zu starten oder die Leerräume mit kreativem Gedankengut zu füllen. Gezielte Achtsamkeits- oder Konzentrationsübungen, um den Geist zu beruhigen und zu sammeln, können mit ¡PhunrahR8 kombiniert werden, sind aber keine Voraussetzung für eine erfolgreiche ¡PhunrahR8 -Sitzung.

Auch wenn es sich um eine besondere und anders ausgerichtete Meditationsvariation handelt, baut ¡PhunrahR8 ebenso auf den Grundlagen des lateinischen „meditatio", abgeleitet von dem Verb „meditari", das nachdenken, nachsinnen, überlegen bedeutet, auf. Bei ¡PhunrahR8 soll dabei die Verbindung von Transportmittel (z.B. Knubbelstock) und Meditationsobjekt zum intensiven Nachdenken anregen, um dadurch die Phantasie zu beflügeln und in der Folge den Kreativprozess in Gang zu setzen.

Wer nach ¡PhunrahR8 meditiert, sucht entweder das Neue und Außergewöhnliche, nach künstlerischen Verbesserungen und Verschönerungen, nach neuen Ideen, nach Alternativen für eine kreative Bewältigung der Herausforderungen des Alltags oder des Lebens im Allgemeinen oder einfach eine Quelle für die persönliche Weiterentwicklung.

Da das Fließen der kreativen Kräfte und die damit einhergehende Schaffung von Kunstwerken das Ziel der Meditation ist, wird ¡PhunrahR8 als Kunstmeditation bezeichnet.

Auch wenn manche PhunrahRtis gezielt besondere Orte, wie beispielsweise die Aubinger Lohe, zur Meditation nutzen, sind für ¡PhunrahR8 grundsätzlich weder ruhige Orte, bequeme Kleidung oder besondere Körperhaltungen erforderlich. Selbstverständlich gibt es auch bei ¡PhunrahR8 die optimale Meditationssituation, aber diese muss jeder PhunrahRti für sich selbst entdecken.

¡PhunrahR8 lebt zum Teil von gezielt herbeigeführten Gegensätzen und Irritationen. Speziell bewusst herbeigeführte Ablenkungen, wie beispielsweise aggressive Musik bei der Meditation vor einem Stillleben, schaffen häufig außergewöhnlich kreative Ergüsse.

Dennoch sollte man darauf achten, dass man bei der Mediation, aber auch bei der anschließenden kreativen Entfaltung, möglichst nicht von überraschenden äußeren Faktoren abgelenkt wird und damit den Fokus auf das selbstgeschaffene Meditationsumfeld bzw. das zu schaffende Werk verliert.

Das Meditationsumfeld setzt sich aus dem grundlegenden Meditationszubehör (z.B. Transportmittel und Werk), dem generellen Mediationsaufsatz (z.B. mit Musik) sowie der bewusst mit einbezogenen Meditationsumgebung (z.B. Öffentlicher Raum) zusammen. Wer beispielsweise an öffentlichen Orten meditiert, berücksichtig bereits bewusst die Vielzahl an vorhandenen und möglichen Störgeräuschen in seiner Umgebung. Dabei können die Störfaktoren einfach als gegeben wahrgenommen und nicht weiter beachtet oder gezielt in die Mediation eingebaut werden.

Die Grundformen von ¡PhunrahR8

8 Grundformen:

1. Ursprüngliche Feuermeditation mit Knubbelstock
2. Reine Naturmeditation mit Knubbelstock
3. Einfache Stockmeditation mit Knubbelstock vor einem Kunstwerk
4. Einfache Stockmeditation vor wechselnden Werken
5. Um Chanten erweiterte Stockmeditation
6. Um Musik erweiterte Stockmeditation
7. Um Tanz erweiterte Stockmeditation
8. Stockmeditation mit Chants, Musik und Tanz

Der Knubbelstock kann aber auch durch andere Hilfsmittel, in der Regel von ähnlicher Form, oder auch durch Begriffe oder ganze Texten ersetzt werden.

Die genannten Grundformen können selbstverständlich auch als Gruppenmeditationen praktiziert werden.

Höchste Stufe:

Pure ¡PhunrahR8-Meditation mit geschlossenen Augen und ohne visuelle Hilfsmittel (mit und ohne Chanten). Man denkt dabei an ein konkretes und existierendes Kunstwerk, das man auch korrekt beschreiben kann, mit einem imaginären Stock davor. Als Alternative zum Chanten kann man auch das Kunstwerk und/oder den Stock laut rhythmisch, oder auch singend beschreiben. Es gilt allerdings zu beachten, dass diese höchste Stufe ohne den Gedanken an ein konkretes Werk und einen konkreten Stock kein ¡PhunrahR8 ist.

Neben den Grundformen sind bei der Meditation auch eine Vielzahl an Abweichungen und Ergänzungen möglich und werden auch praktiziert.

Da ¡PhunrahR8 von den Gegensätzen lebt und der Stock in erster Linie die ursprüngliche Form der Meditation symbolisiert, aber durchaus durch andere Transportmittel ersetzt werden kann, gilt:

Alles ist erlaubt, solange es die Phantasie anregt und damit die kreativen Kräfte weckt!

Beginn einer ¡PhunrahR8-Meditation

Je nach Situation und Möglichkeiten, sollte man sich zu Beginn einer ¡PhunrahR8-Meditation mögliche Arbeitsmittel für die kreative Entfaltung zurechtlegen.

Im Anschluss sollte man noch einmal in sich gehen, um sich selbst zu vergewissern, dass man bereit und offen für neue Erfahrungen ist.

Zudem sollte man den Wunsch verspüren etwas Neues, das in der Regel jenseits der bewussten Vorstellungskraft liegt, erschaffen zu wollen.

Wenn man diese Bereitschaft bzw. diesen Wunsch in sich verspürt, sollte man einfach und ohne viel darüber nachzudenken loslegen.

Ende der Meditationsphase und Ruhephase

Um eine Meditationseinheit zu beenden, gibt es verschiedene Möglichkeiten. Dabei ist beste Vorgehensweise, sie nicht zu einem vorbestimmten Zeitpunkt zu beenden und einfach irgendwann, wenn man sich dazu bereit fühlt, von dem Meditationsobjekt abzulassen, eine Ruhephase, die der Meditationszeit entspricht und im Idealfall acht Minuten dauert, einzulegen und anschließend mit dem Kreativprozess zu beginnen.

Es wird empfohlen die Ruhephase, die ein grundlegendes und wichtiges Element einer ¡PhunrahR8-Meditation ist und die in der Regel hilft etwas Struktur in den kreativen Ausfluss zu bringen, einzuhalten. Die Ruhephase wird von PhunrahRtis häufig als „Bereitschaft zur Kunst" bezeichnet.

Dennoch kann aber in bestimmten Situationen von der Möglichkeit zur inneren Sammlung abgesehen werden, beispielsweise wenn der Drang zur kreativen Entfaltung bereits während der Meditationsphase zu groß wird und sich die Angst einstellt, dass Teile des kreativen Flusses in der anstehenden Ruhephase in Nebenflüsse ablaufen und irgendwo in geistigen abflusslosen Gebieten einfach ungenutzt verdunsten.

Ferner gibt es auch PhunrahRtis die bewusst auf die Ruhephase verzichten, da sie die rohen, von Gedanken noch nicht beeinflussten, kreativen Ergüsse direkt in entsprechende Werke einfließen lassen wollen bzw. ihre Werke darauf aufbauen.

In Ausnahmefällen und unter der Voraussetzung, dass man die kreativen Kräfte frühzeitig und sehr intensiv spürt, kann man auch bereits während der Meditation mit dem Werk beginnen. Dies setzt allerdings voraus, dass man bei der Arbeit an dem neuen Werk anfangs noch auf Stock und Meditationsobjekt fixiert bleibt, um dadurch das volle Meditationspotential ausschöpfen zu können. Diese Technik ist nicht einfach und erfordert viel Übung und Erfahrung.

Bei einer Power-Point-Präsentation dagegen wird die Meditationszeit über die Präsentation gesteuert. Dabei kann der feste Abschluss entweder das Ende der eigentlichen Meditations-Präsentation sein, ohne die sich anschließende Ruhephase technisch zeitlich einzugrenzen, oder man ergänzt die Präsentation um eine einfach farbige Seite (idealerweise blau oder gelb) ohne weiteren Inhalt, um auch die Ruhephase im Vorfeld festzulegen und zu steuern. Erst wenn auch diese Seite verschwunden ist, beginnt man mit dem Kreativprozess.

Wer zum Ende der Präsentation wenig spürt, sollte die Präsentation erneut starten, wer nichts spürt, sollte sie erst zu einem späteren Zeitpunkt erneut laufen lassen. Es gilt zu beachten, dass man den kreativen Fluss nicht erzwingen kann. Die Quelle öffnet sich erst wenn man wirklich bereit ist!

Beginn der kreativen Entfaltung

Der Kreativprozess beginnt nach der bereits erwähnten, dem Abschluss der Meditationsphase folgenden, Ruhephase. Diese Übergangsphase vom rein meditativen zum kreativen Prozess dient dazu sich innerlich zu sammeln und gegebenenfalls die für das Werk erforderlichen Gegenstände und Materialien aus den bereitgelegten Arbeitsmitteln herauszusuchen; denn selbst, wenn man sich im Vorfeld alles zurechtlegt, weiß man häufig nicht, für welche Mittel oder Technik man sich nach der Meditation letztendlich entscheidet.

Für den Fall, dass sich die kreativen Kräfte nicht umgehend umsetzen lassen, beispielsweise wenn man zufällig auf ein ¡PhunrahR8 geeignetes Umfeld trifft und sich spontan zu einer Meditation hinreißen lässt, sollte man immer ein kleines Notizbuch oder ein Aufnahmegerät (z.B. ein PhunrahRphon) mit sich führen, um zumindest einen Teil der aufgebauten Kreativkräfte in Worte oder Skizzen zu fassen, um sie zu einem späteren Zeitpunkt nutzen zu können. Wer in dieser Methodik sehr gut geübt ist, schafft es mit Leichtigkeit, zu einem späteren Zeitpunkt anhand der Worte und Skizzen die kreativen Kräfte der zugrundeliegenden Meditation wieder zu wecken und nahtlos an das Ende der Meditation, bzw. der Sammlung in der Ruhephase, anzuschließen.

Dieser Effekt kann selbst dann erreicht werden, wenn die „Notizen" ausschließlich im Geiste dokumentiert wurden. Um diesen Grad zu erreichen, bedarf es allerdings einer langjährigen und intensiven Beschäftigung mit ¡PhunrahR8.

Bei dieser gedanklichen Technik wird der kreative Akt durch die Kraft des Gedächtnisses einfach verzögert und kann zu einem beliebigen späteren Zeitpunkt abgerufen werden; idealerweise geschieht dies aber nur wenige Stunden später und ohne größere Ablenkungen dazwischen.

Diese Technik ist besonders schwierig, da man sich einerseits in die Meditationssituation geistig zurückversetzen, und sich andererseits die kreative Eingebung und zudem die Spontanität des Kreativprozesses innerlich bewahren („merken") muss.

Ende der kreativen Entfaltung

Das Ende ist dann, wenn man fertig ist!

Auch wenn man viele Eingebungen und Ideen hat, sollte man pro Meditationseinheit immer nur ein Werk schaffen. Wer nach einem Werk dennoch weitermachen möchte, sollte entweder eine weitere Meditationseinheit einlegen oder sich nach Fertigstellung seines Werkes auf Notizen beschränken.

Auf keinen Fall sollte man mehrere Werke beginnen und diese nicht fertigstellen. Wenn man mit seinem Werk nicht fertig wird, sollte man bis zur endgültigen Fertigstellung, auch wenn diese zu einem wesentlich späteren Zeitpunkt erfolgt, kein weiteres Werk beginnen, wobei allerdings reine Notizen zu einem weiteren Werk nicht kontraproduktiv und durchaus zu empfehlen sind.

Bewusstes Atmen bei ¡PhunrahR8

Richtiges, bewusstes und gezieltes Atmen sowie damit einhergehende Visualisierungen sind wichtige ¡PhunrahR8-Techniken. Bei ¡PhunrahR8 unterscheidet man zwischen der "Hereinnahme" (Einatmen) der Vision und der "Herausgabe" (Ausatmen) des nach außen gerichteten kreativen Aktes. Hierbei wird eine bewusste und merkliche Abtrennung des Aufnahme- von dem Ausgabeprozess vollzogen. Bei der "Hereinnahme" wird zielgerichtet die Vision herbei- bzw. in sich hinein geatmet. Dabei atmet man tief (gerne auch laut) ein, vorzugsweise durch den Mund, hält den Atem einen Moment lang an und atmet anschließend langsam, fast unmerklich (leise) in einem leichten anhaltenden Windstoß durch die Nase wieder aus. Dieses Ausatmen sollte im direkten Umfeld nicht wahrnehmbar sein und auch die Brust sollte sich dementsprechend beim Einziehen kaum bewegen.

Bei der "Herausgabe" wird dieser Prozess umgekehrt. Hier wird fast unmerklich, vorzugsweise durch die Nase, eingeatmet und anschließend während der Arbeit am Werk laut und bewusst durch den Mund ausgeatmet. Dies dient dazu, die inneren Visionen als kreativen Fluss bildlich ausgedrückt herauszuspritzen und in kreativen Werken zu manifestieren. Dabei ist es nicht von Bedeutung, ob die entstandenen Werke letztendlich auch der ursprünglichen Vision entsprechen oder an diese angelehnt sind. Was zählt, ist alleine der kreative Akt.

Eine Variation stellt das bewusste Ausatmen im Zusammenspiel mit der "Hereinnahme" dar. Mit Hilfe dieser Technik, welche die Abtrennung des Aufnahme- von dem Ausgabeprozess weitgehend aufhebt, soll eine Bereinigung der Vision um den alltäglichen Gedankenanteil, d.h. den nicht kreativ konnotierten bzw. kreativ umsetzbaren Teil, gewährleistet werden. Ziel ist es, dass die Vision ausschließlich aus dem Inneren kommt und nicht bzw. möglichst wenig durch aktuelle äußere Umstände "verunreinigt" ist. Es sind vor allem die Gedanken des Alltags oder die Themen, mit denen man sich vor der Meditation beschäftigt hat, die mit dieser Technik ausgeatmet werden sollen.

Für den Fall, dass man seine direkte Umwelt in die Entstehung eines Werkes mit einbeziehen möchte, kann man auch während des kreativen Aktes bei der "Herausgabe" tief einatmen. Diese Methode ist allerdings wenig verbreitet, da sich die meisten PhnurahRtis in der Regel auf ihre pure innere Vision beschränken möchten.

Meditierende, die auf einen wechselseitigen Rhythmus von offenen und geschlossenen Augen zurückgreifen, sollten darauf achten, dass sie möglichst mit offenen Augen, Knubbelstock und Meditationswerk im Blick, einatmen. Nur so ist ein auf ¡PhunrahR8 basierendes Ergebnis sichergestellt.

Chanten

Chanten ist das Singen von spirituellen Liedern aus den verschiedenen Kulturen dieser Erde. Im Gegensatz zum traditionellen Lied werden bei den Chants einfache Worte und Melodien wiederholt. Durch das Chanten allein entsteht häufig bereits ein entspannter Zustand und man hat den Eindruck, dass Melodien oder Worte in einem singen. Eine gute Beschreibung dafür ist, dass man mit dem Herzen singt. Genau darum geht es letztendlich auch: Um den Aufbau eines inneren Klanges, der einen von allen äußeren Ablenkungen und Einflüssen befreit und den alleinigen Fokus auf den Stock im Zusammenspiel mit dem Werk legt.

Chanten im Zusammenhang mit der ¡PhunrahR8-Meditation bezeichnet das Flüstern, Sprechen, Summen, Singen und rhythmische Schreien der ¡PhunrahR8-Kraftbegriffe „PhunrahR" (ausgesprochen: Punrahhhh) sowie „PhunrahR8" (ausgesprochen: Punrahhhachchcht) als meditative Praxis und Ehrerbietung an den Stock des Lebens. Der stärkste Kraftbegriff ist jedoch ¡PhunrahR8, wobei das spanische Ausrufezeichen „¡" als „i" gesprochen wird. Das Wort wird in drei unterschiedlichen, sich möglichst steigernden, Tonlagen gesprochen, das heißt die einzelnen Elemente „i", „PhunrahR" und „Acht" lassen sich klar abgrenzen und heraushören (ausgesprochen: iiiiiiiiphunrahhhrachchcht). Wie lange die einzelnen Komponenten gezogen werden, das ist jedem selbst überlassen. Manche gehen hier bis zum Äußersten und singen die Abschnitte, bis ihnen die Stimme versagt und sie den Ton nicht mehr halten können.

Das Chanten muss aber nicht auf die genannten Kraftbegriffe reduziert werden, es können jederzeit neue Begriffe (bei Traditionalisten bevorzugt keltischen Ursprungs) oder auch ganze Texte (hier bieten sich auch Reimformen an) aufgenommen werden.

Wer sich mit vollem Herzen dem Singen von Chants hingibt, beginnt in der Regel eine besondere Kraft zu fühlen. In der Gruppe wird dieses Gefühl noch verstärkt und durch das gemeinsame Chanten entsteht darüber hinaus sogar ein besonderes Gruppenkraftfeld. Wenn die Teilnehmer dabei in völliger Übereinstimmung chanten, sollte man das entstehende und aufeinander abgestimmte Kraftfeld anschließend umgehend für ein gemeinsames Kreativ-Projekt nutzen. Es gibt noch keine wissenschaftliche Erklärung für dieses Phänomen, aber bei einem gemeinsam geschaffenen Kraftfeld haben die Teilnehmer nach der Meditation häufig ähnliche Visionen vor Augen, die dann durch das Einbringen der individuellen Fertigkeiten in einem gemeinsamen Werk zusammengeführt und materialisiert werden können.

Solange man den ¡PhunrahR8-Stock und das Kunstwerk nicht aus den Augen verliert, kann man die Chants durchaus auch mit Tänzen verbinden. Es sind die Elemente von Rhythmus und Bewegung, in Form von Schwingen, Stampfen oder Klatschen, welche die Eigenart und Wirkung der Chants unterstützen. Durch das Zusammenspiel von Wort, Melodie und Bewegung entsteht eine Wahrnehmung von einer Ganzheit, die uns die natürliche Zusammengehörigkeit der Elemente in Erinnerung ruft. Gerade die Technik der stetigen Wiederholungen unterstützt uns beim Loslassen und bringt uns aus der rationellen Welt des Verstandes auf direktem Wege zu den Kammern unserer inneren Kreativität.

Alternativ zu dem beschriebenen Chanten mit den drei Kraftbegriffen PhunrahR, PhunrahR8 und ¡PhunrahR8i kann man in der Gruppe auch einfach Worte nachsprechen. Dabei können Worte, die den Teilnehmern im Vorfeld nicht bekannt sind, vorgesprochen und von diesen nachgesprochen werden, was häufig zu kleinen Verzögerungen führt. Diese scheinbaren Disharmonien können sich positiv auf den kreativen Prozess der einzelnen Teilnehmer auswirken, schaffen aber in der Regel kein in sich homogenes Gemeinschaftswerk.

Je nach Stimmungslage können die Chants entweder traurig depressiv, was sich in der Regel in dem kreativen Output entsprechend wiederspiegelt, oder provokativ sein, aber auch einfach Lebensfreude zum Ausdruck bringen. Hier ist der Phantasie keine Grenze gesetzt, wobei lediglich darauf zu achten ist, dass die Chants möglichst eingängig sind.

Wenn man sich dafür entscheidet, ganze Texte (z.B. Gedichte) über die Bilder zu legen und diese dann laut zu rezitieren, sollte man sich der Gefahr bewusst sein, dass man eventuell zu stark abgelenkt wird, abdriftet und sich damit in der Konsequenz die kreativen Kräfte nicht voll entfalten können. Dies gilt in erster Linie für Meditierende, die handwerkliche Kunstwerke schaffen. Für Schriftsteller, speziell wenn sie gerade eine Schreibblockade haben, kann es aber auch der Funke sein, der das Feuer erneut entfacht und die Sätze gleich Flammen emporschießen lässt.

Singen

Neben den Chants, die durchaus auch gesungen werden können, kann man bei der Meditation auch einfach vor sich hin oder ganze Lieder singen bzw. zu Songs mitsingen. Letzteres setzt aber voraus, dass man den Text beherrscht und sich nicht auf die Worte konzentrieren muss, da man in diesem Fall von der eigentlichen Meditation zu sehr abgelenkt wird. Lautstärke oder gesangliches Können spielen dagegen beim Singen keine Rolle.

Eine interessante Spielart ist auch das laute Singen (oder Aufsagen) von Phantasiewörtern und –texten die einem während der Meditation spontan einfallen.

Bei Gruppenmeditationen bieten sich zur Stärkung der Gemeinschaft Kanons an. Aber auch hier besteht die Gefahr, dass man sich zu sehr auf seinen gesanglichen Einsatz konzentriert. Dementsprechend sollte man die Kanons im Vorfeld mit der Meditationsgruppe üben.

Auch beim Singen gilt, dass die Lieder möglichst im Kontrast zu den Werken stehen sollten.

¡PhunrahR8-Instrumente

Es gibt Texte von griechischen Schriftstellern, die belegen, dass die Kelten musizierten. Leider gibt es aber keine überlieferten Informationen zu Art, Harmonie oder Klang. Was heute als keltische Musik gilt, wurde erst ab dem 17. Jahrhundert niedergeschrieben, wobei es sich vorrangig um die traditionelle Musik Irlands, Schottlands und der Bretagne handelt. Bei den Instrumenten dagegen gibt es wesentlich mehr Klarheit. Aus archäologischen Funden und von römischen Reliefs kennt man das Aussehen des trompetenähnlichen Instruments Carnyx. Daneben bilden verschiedene keltische Münzen Saiteninstrumente ab, die den antiken griechischen Instrumenten Lyra und Kithara ähneln. Häufig sind auf Bildern neben der Carnyx oder den verschiedensten Saiteninstrumenten auch Stöcke abgebildet, die dem Knubbelstock sehr ähnlich sind. Als Folge entstanden in der Vergangenheit verschiedene Theorien über den Gebrauch dieser Stöcke, wobei die ursprünglich am weitesten verbreitete Annahme war, dass man sie dazu benutzt hatte, die Saiten der Saiteninstrumente zu schlagen oder zu streichen.

Von dieser Theorie ist man aber mittlerweile abgekommen und vermutet nun einen direkten Zusammenhang mit ¡PhunrahR8, denn die gemeinsame Abbildung von Stöcken und keltischen Musikinstrumenten weist klar auf den Einsatz dieser Instrumente bei der Meditation hin. Ausgehend von dieser Theorie kommen bei ¡PhunrahR8 häufig auch Saiten- oder Blasinstrumente zum Einsatz, wobei die Flöte aufgrund ihrer an einen Knubbelstock erinnernden Form als das eigentliche und wahre ¡PhunrahR8 -Instrument gilt. Streng traditionell angehauchte PhunrahRtis nutzen in der Folge auch ausschließlich Flöten als Begleitinstrumente für ¡PhunrahR8-Sitzungen. Dabei wird die Flöte durch eine geschickte Haltung beim Spielen zugleich auch als Knubbelstock genutzt, was sich einfach bewerkstelligen lässt, indem man sie so vor ein Werk hält, dass sie wie ein Knubbelstock in dieses hineinragt. Diese Technik lässt sich auch mit anderen Blasinstrumenten, beispielsweise einer Klarinette, bewerkstelligen.

Um die Verbindung von Stock und Flöte auch öffentlich zu zeigen, wurde ein Anstecker entwickelt, auf dem sich ein ¡PhunrahR8-Stock und eine Flöte kreuzen.

Bei den meisten anderen Instrumenten, von der einfachen Pfeife bis hin zum Konzertflügel, sollte man zusätzlich einen fixierten ¡PhunrahR8-Stock nutzen. Beliebte ¡PhunrahR8-Instrumente sind einfache Klaviere oder Flügel, für die es spezielle Stock- und Bildhalter gibt.

Eine Besonderheit, die allerdings nicht übermäßig stark verbreitet ist, bietet das Schlagzeug. Geübte PhunrahRtis heben zwischen den Schlägen jeweils einen der beiden Drumsticks wie einen ¡PhunrahR8-Stock vor ein Bild und bleiben bei den Schlägen dazwischen entweder mit dem Blick auf dem Werk haften oder schließen für den kurzen Moment die Augen.

¡PhunrahR8 mit Musik

Für die Entscheidung ¡PhunrahR8 mit eigener Musik zu machen spielt es keine Rolle, ob das Instrument beherrscht wird oder man einfach nur so vor sich hin pfeift. Dissonanzen haben häufig einen sehr positiven Einfluss auf die anschließende kreative Entfaltung.

Einfacher ist es allerdings, ¡PhunrahR8 zur Musik anderer zu machen. Hierbei bieten sich sämtliche musikalischen Stilrichtungen an. Von Klassik über Pop, bis hin zum Heavy Metal, oder Lauterem, ist alles denkbar, solange es möglichst nicht im harmonischen Einklang mit dem Meditationsobjekt steht. Die Musik soll störend sein, nicht zum Werk passen und möglichst nicht gefallen; es kann beispielsweise gezielt Musik genutzt werden, die man ansonsten in seiner Freizeit niemals hören würde.

Schön ist es, wenn die Musik live und exklusiv für die ¡PhunrahR8-Sitzung gespielt wird. Dabei kann die Musik einerseits im Hintergrund ergänzend zu Stock und Werk laufen, oder die Spieltechnik selbst das Werk ersetzen. In diesem letztgenannten Fall wählt man einen Musiker, idealerweise einen PhunmuhR (siehe nachfolgend), aus und setzt sich in eine Position, in der man die Spieltechnik bzw. den Bewegungsablauf der Finger während der gesamten Meditation durchgehend gut sehen und sich darauf fokussieren kann. Dazu hält man den Stock so, dass er in die Spieltechnik hineinragt, den Blick darauf aber nicht zu stark beeinträchtigt oder stört. Dann gibt man sich der Musik hin, wobei der Blick starr auf den Stock und einen kleinen Radius um den Stock herum gerichtet bleibt. Ausschlaggebend für die Wirkung dieser Technik ist die Beobachtung der Bewegung der Finger in dem Wissen, dass sie die Musik erzeugen. Bei dieser außergewöhnlichen Meditationsvariante ist es allein die Spieltechnik, z.B. das Zupfen der Akkorde bei der Gitarre, die das Kunstwerk ersetzt. Der ruhende Stock wirkt dabei als Kontrast zur Bewegung der Finger.

Für ¡PhunrahR8 zu Musikinstrumenten eignen sich in erster Linie Zupf- und Streichinstrumente sowie Klaviere, sofern sie ausdrucksstark und mit sichtbarem Einsatz gespielt werden.

PhunmuhR und PhunkomphR

Ein PhunmuhR ist ein speziell für ¡PhunrahR8 ausgebildeter Musiker. Sein Spiel ist besonders ausdrucksstark und er versteht es, sich so zu positionieren, dass seine Fingerbewegungen für den Meditierenden durchgehend gut sichtbar sind. Wenn es gewünscht ist, singt er zudem auch zu seinem Spiel. PhunmuhRs spielen häufig von professionellen PhunkomphRs entwickelte ¡PhunrahR8-Begleitmusik. Dabei ist es in vielen Fällen der Komponist selbst der in Personalunion zudem auch seine Dienste als PhunmuhR, oder darüber hinaus sogar komplette, von ihm konzipierte, Meditationssitzungen anbietet.

In der ¡PhunrahR8-Musik reicht das Spektrum von sehr leiser, kaum noch wahrnehmbarer, bis zu extrem lauter, häufig industrialisierter Musik. Entscheidend sind dabei komplexe Strukturen und Klanggebilde sowie gezielte Disharmonien, da diese in der Regel die größten Kontraste zu den meist ruhenden Werken bieten.

Phuntanz

Zu ¡PhunrahR8 kann auch getanzt werden. Dabei ist allerdings darauf zu achten, dass man das Werk nicht aus den Augen verliert und konzentriert bleibt. Wie alles beim ¡PhunrahR8 dreht sich auch der Tanz immer um das Werk und das jeweilige Transportmittel, in der Regel ein langer Knubbelstock, der auch als Spazierstock genutzt werden kann. Viele nutzen den Tanz zur Befreiung ihres Geistes bzw. ihrer Kreativkräfte, um anschließend, in stetiger und unge-brochener Fixierung der Meditationsobjekte, niederzusinken und die Meditation in der Ruhephase weiterzuführen. Dabei gilt es, die Aufregung des Tanzes in einen kreativen Fluss bzw. Strom zu verwandeln, um die kreativen Eingebungen zu beschleunigen.

Manche greifen im Anschluss an die Meditation im Rahmen der kreativen Befreiung die Elemente des Tanzes wieder auf und geben sich tanzend der Schaffensphase hin (z.B. Ausdrucksmalerei), wobei generell auch ein neuer Tanz das Ergebnis von ¡PhunrahR8 sein kann.

Die richtige Handhabung des Knubbelstocks

...gibt es nicht

Man kann den Knubbelstock nicht falsch handhaben. Es ist lediglich denkbar, dass man ihn für sich selbst nicht optimal einsetzt und dadurch den Kreativprozess eventuell leicht verzögert oder nicht vollumfänglich zur Entfaltung bringen kann; wobei diese beiden Effekte eher theoretischer Natur sind. Solange der Stock auf das dahinter angebrachte Meditationsobjekt auf die verschiedenste Art und Weise Einfluss nimmt, erfüllt er in der Regel auch vollumfänglich seinen Zweck. Dabei muss jeder PhunrahRti den optimalen Einsatz des Stocks für sich selbst finden, wobei traditionelle PhunrahRtis, ausgehend von der Situation der Kelten am Lagerfeuer, den Stock normalerweise immer von unten in das Meditationsobjekt hineinragen lassen; im Idealfall unter Berücksichtigung des Verhältnisses des Goldenen Schnitts.

Man kann den Stock aber genauso gut auch von den verschiedensten Seiten oder Ecken in ein Meditationsobjekt hineinragen lassen oder ihn so halten, dass der Knubbel auf das Werk oder gezielt auf einen bestimmten Teil des Werkes gerichtet ist.

Allerdings sollte man generell davon Abstand nehmen, den Knubbel komplett zu verdecken, beispielsweise wenn man ihn mit der Faust umschließt, denn damit wird dem Knubbelstock sein wesentliches und besonderes Merkmal – der Knubbel – genommen und er wird zu einem einfachen Meditationshilfsmittel degradiert.

Für PhunrahRtis, die es gewohnt sind mit Knubbelstöcken zu arbeiten, kann sich diese Handhabung durchaus mindernd auf den kreativen Output auswirken, wobei sich dagegen bei PhunrahRtis, die in dem klaren Bewusstsein, mit dem Stockende zu meditieren, den Knubbel in ihrer Hand halten, durchaus auch der gegenteilige Effekt einer verstärkten Kreativität einstellen kann.

Generell lässt sich allerdings festhalten, dass die allgemeine Wirkung sowie der Einfluss des Knubbelstocks auf die Kreativität bisher noch nicht grundlegend empirisch erforscht oder wissenschaftlich dokumentiert wurden. Die Erfolge beim Einsatz von Knubbelstöcken lassen sich in erster Linie an den vielen positiven Erfahrungsberichten sowie den als direkte Folge von ¡PhunrahR8-Meditationen entstandenen Werken ablesen. Dies wird besonders deutlich, wenn etablierte Künstler nach einer ¡PhunrahR8-Meditation Werke schaffen, die komplett von ihren sonstigen Arbeiten abweichen, und damit klare Zeugnisse von außerordentlichen kreativen Schüben abgeben.

Nachfolgend noch ergänzend eine Aufstellung der derzeit verbreitetesten Nutzungsmöglichkeiten von Knubbelstöcken bei ¡PhunrahR8:

Als Markierer

Der Knubbel des Stocks markiert einen Fixpunkt in einem Werk, auf den man sich konzentriert. Die entsprechende Stelle kann sich zufällig durch die Position des Stocks ergeben, oder bewusst ausgewählt werden. In den meisten Fällen wird der Stock aber nicht zielgerichtet positioniert und der PhunrahRti lässt damit den Stock selbst „entscheiden".

Als Transportmittel und Zugang   („Portal")

Ähnlich wie beim Markierer konzentriert man sich auf die Stelle, an der sich der Knubbel des Stocks befindet. Im Gegensatz zum Markierer ist dieser Fixpunkt aber nur der Eingangspunkt („das Portal") in das Werk hinein und man spricht vom Stock als Transportmittel. Es geht darum die Konzentration erst auf die „markierte" Stelle und anschließend in das Werk hinein zu lenken („transportieren") und in der Folge auf das Werk auszudehnen. Eine Rückkehr zu dem „markierten" Punkt ist damit nicht mehr erforderlich.

Selbstverständlich kann „das Portal" auch in beide Richtungen genutzt werden. Dabei wird der „markierte" Punkt ebenfalls für die Dauer der Meditation aufgegeben, allerdings mit dem klaren Ziel, zu diesem wieder zurückzufinden, um damit „das Portal" für den Rückfluss der aus dem Werke entstandenen Eindrücke zu nutzen, bzw. diese zu den inneren kreativen Kräften zu transportieren.

Als Störelement

Bei der Störung geht es darum, ein in sich harmonisches Werk bewusst durch einen Fremdkörper (Knubbelstock) zu stören, um eine innerliche Irritation hervorzurufen. Dabei wirkt sich die innere Beschäftigung mit dem bewusst eingesetzten Störelement direkt auf die Kreativkräfte und damit auf die im Anschluss geschaffenen Werke aus.

Um ein harmonisches oder in sich vollkommenes Werk gezielt zu stören, empfiehlt sich der Einsatz eines besonders bunten oder stark bearbeiteten Knubbelstocks, der aufgrund seiner Besonderheit die Aufmerksamkeit immer wieder vom Werk ablenkt und zu sich zieht.

Da der Knubbelstock eigentlich ursächlich nicht für bewusste Störungen gedacht ist, empfiehlt es sich in diesem Fall, den Knubbelstock durch andere Gegenstände oder auch Worte zu ersetzen, wobei alles erlaubt ist, was die Wirkung des Werkes stark stört. Sehr beliebt sind in diesem Zusammenhang besonders kitschige Andenken aus den entsprechenden Shops und Läden oder einfache Kinderspielzeuge aus buntem Plastik.

Als Verdecker

Auch wenn der Stock nur einen kleinen Ausschnitt eines Werkes verdeckt, entsteht doch der Eindruck, nicht alles sehen bzw. die Gesamtheit erfassen zu können, was den Stock ebenfalls als Störelement wirken lässt. Im Gegensatz zur bewussten Störung erzeugt der Knubbelstock, der als verdeckendes Element gesehen wird, den Wunsch dahinter sehen zu können bzw. ihn ganz auszublenden.

Geübte PhunrahRtis nehmen den Stock sowieso nur am Anfang der Meditation bewusst wahr und schaffen es, das Werk während der Meditation trotz Stock in seiner Gesamtheit und ohne Störelement zu erfassen.

Die Wirkung des Knubbelstocks

Es gibt drei grundlegende Wirkungsweisen des Knubbelstocks bzw. knubbelstockähnlicher alternativer Transportmedien:

Fokus eines Auges auf dem Knubbelstock

Das Werk erscheint leicht unscharf im Hintergrund, wohingegen der Knubbelstock klar und deutlich wahrgenommen wird. Dabei tritt der Knubbelstock zu stark in den Fokus, was soweit gehen kann, dass das dahinter angebrachte Werk kaum noch bzw. überhaupt nicht mehr wahrgenommen wird. Eine interessante Variante ist dabei das abwechselnde Öffnen und Schließend der Augen, wodurch sich der Knubbelstock vor dem Werk in Bewegung setzt.

Fokus beider Augen auf den Knubbelstock

Das Werk wird verschwommen im Hintergrund und der Knubbelstock leicht unscharf im Vordergrund wahrgenommen. Diese Methode ist bereits effektiv, da sowohl das Werk als auch der Knubbelstock wahrgenommen werden, wobei allerdings der Fokus immer noch zu stark auf dem Knubbelstock liegt.

Fokus beider Augen auf dem Werk

Das Werk wird nahezu vollständig erfasst und der Knubbelstock lediglich am Rande als unscharfes Störelement wahrgenommen. Diese Methode gilt als die effektivste und wirkungsvollste und ist in der Folge die am häufigsten genutzte.

Beliebt ist auch das Hin- und Herspringen zwischen den beiden letztgenannten Methoden, was zu einem ständigen Schärfewechsel zwischen Werk und Knubbelstock führt und damit zusätzlich anregend wirken kann.

Sich bewegende Meditationsobjekte

Neben dem Knubbelstock kann man ergänzend oder für sich alleine genommen die Meditationsobjekte bewegen bzw. von vorneherein auf bewegliche Meditationsobjekte (z.B. Filme) zurückgreifen. Ausgehend von der einfachen Stockmeditation vor wechselnden Werken, bieten sich die unterschiedlichsten beweglichen Hintergründe an.

Dabei reicht die Palette von Computerprogrammen mit schnell wechselnden oder ineinander übergehenden Bildern über künstlerisch anspruchsvolle Videos und Filme bis hin zu öffentlichen Aufführen (z.B. Konzerte, Theaterstücke, etc.) als mögliche Meditationsobjekte.

Bei gewollten oder auch ungewollten, und damit nicht vermeidbaren, beweglichen Hintergründen (beispielsweise bei Meditationen im öffentlichen Umfeld) empfiehlt es sich, den Hintergrund bewusst in die Meditation mit einzubeziehen. Man spricht in diesem Fall von erweiterten Meditationsobjekten.

Bei den Einsatzmöglichkeiten des Stocks ist ferner zu erwähnen, dass es weder eine Regel gibt und es auch nicht zwingend erforderlich ist, den Stock starr vor ein Meditationsobjekt zu halten. Diese Haltung ist lediglich die am meisten verbreitete, da sich viele Meditierende bei einem ruhigen Stock leichter tun, die Verbindung von Stock und Werk herzustellen bzw. sich auf dieses Zusammenspiel zu fokussieren. Dazu kommt noch die Annahme, dass dies der ursprünglichen Handhabung des Knubbelstocks entspräche.

Heutzutage sieht man allerdings immer häufiger PhunrahRtis, die den Stock bewusst leicht wippen, hin- und her bewegen oder auch kreisen lassen. Dies ist speziell vor statischen Werken, wie es beispielsweise Bilder oder Plastiken sind, eine beliebte Methode, Bewegung in die Meditation zu bekommen.

Alternativen zum Knubbelstock

Wie bereits erwähnt, kann der Knubbelstock auch durch andere Hilfsmittel ersetzt werden, zumal der Knubbelstock auch in erster Linie als Platzhalter oder Symbol für ein Meditationshilfsmittel, das Irritationen hervorrufen soll, steht. Der Knubbelstock gilt zwar als das ursprünglichste und natürlichste Hilfsmittel und erfreut sich immer noch ungebrochener Beliebtheit, dennoch sind Alternativen durchaus wünschenswert, wobei es vielen PhunrahRtis wichtig ist, dass Ersatzgegenstände zumindest eine gewisse Grundähnlichkeit zu Knubbelstöcken aufweisen.

Beliebte Alternativen sind u.a. Zahnbürsten, Schneebesen, Pinsel, speziell mit runden Köpfen, die dem Stock mit seinem Knubbel schon sehr nahe kommen, sowie Kochlöffel. Letztere können zudem durch einfache Bearbeitung, indem man sie mit einem Oval durchbohrt, zu PhunvahRs umgestaltet werden.

Darüber hinaus kann man durchaus auch den eigenen Daumen, eine flach ausgestreckte, oder zur Faust geballte, Hand, oder in bestimmten Positionen auch den Fuß nutzen. Bei der Partnermeditation nutzt man entweder ein Körperteil des Partners (das kann auch der Kopf sein) oder man einigt sich auf die gemeinsame Nutzung eines Körperteils.

Der Vollständigkeit halber sind als nicht gegenständlicher Ersatz für Knubbelstöcke noch Begriffe, Texte und Licht-effekte aufzuführen.

Meditationspositionen

Bei der klassischen Stockmeditation hält der PhunrahRti den Knubbelstock entweder mit einer Hand, mit einem fast gestreckten Arm, oder von beiden Händen umschlossen, entweder mit angewinkelten Armbeugen, wobei die Unterarme ein Dreieck bilden, oder mit einer bogenförmigen Armhaltung (Radposition) zwischen sich und das Kunstwerk. Dabei kann er sitzen (z.B. Schneidersitz), knien oder stehen. Zudem sind auch verschiedene Yoga-Positionen denkbar. Wer keinen Knubbelstock zur Hand hat, kann alternativ auch eine zur Faust geballte Hand nutzen, wobei diese eher locker geformt sein sollte, da zu viel bzw. sichtbare Anspannung etwas aggressiv wirkt. Es ist darauf zu achten, dass aufgrund der Nähe zu den Augen das Werk dann entsprechend groß bzw. weit entfernt ist.

Erwähnenswert ist auch der sogenannte „ruhende Stock", bei dem der PhunrahRti die Hand bzw. die Hände, die den Knubbelstock halten, in einer Ruheposition auf den angewinkelten Knien ablegt.

Bei den besonderen Techniken ist die flach auf dem Rücken liegende Position hervorzuheben, bei der der gut trainierte PhunrahRti ein gestrecktes Bein anhebt und dabei den angewinkelten Fuß als Stockersatz nutzt.

Grundsätzlich gilt, dass jede denkbare Position möglich ist, sofern sie nicht unbequem oder unangenehm ist und damit eventuell den Kreativprozess beeinträchtigt.

PhunrahRphon

Ein PhunrahRphon ist ein Aufnahmegerät in Form eines Knubbelstocks, wobei der Knubbel als Mikrofon fungiert. Es ist eine moderne Alternative zum Knubbelstock und kann zur spontanen ¡PhunrahR8-Meditation ohne Kreativitätsverlust eingesetzt werden. Die Handhabung ist sehr einfach. Man hält das Gerät vor ein Meditationsobjekt oder einen Naturhintergrund, praktiziert ¡PhunrahR8 und spricht anschließend seine Eingebungen direkt ins Gerät.

Bei den meisten PhunrahRphons kann man zudem über einen USB-Anschluss Texte, Chants oder Musik einspielen und diese während der Meditation über einen Kopfhörer anhören. Eine besondere Variante ist dabei eine während der Meditation eingespielte Beschreibung des Meditationsobjektes, wobei diese idealerweise so leise angehört wird, dass sie bewusst kaum wahrnehmbar ist. Damit kann man sie auch während der Ruhe- sowie der Kreativitätsphase problemlos weiterlaufen lassen. Wer keine künstlerischen Mittel zur Verfügung hat, um seinen kreativen Output vor Ort in ein konkretes Objekt umzusetzen, weil er sich beispielsweise in einer Galerie oder in einem Museum befindet und keinen Block zur Hand hat, schaltet das Gerät nach der Ruhephase einfach auf Aufnahme und spricht seine Eingebungen und Ideen direkt in den Knubbel.

Wer sein PhunrahRphon wie oben dargestellt nutzt, kann nahezu an jedem Ort unbemerkt meditieren und muss dabei keinen Kreativitätsverlust befürchten.

¡PhunrahR8-Kleidung

...gibt es ebenfalls nicht

Bei der Kleidung ist lediglich wichtig, dass sie bequem ist und nicht ungewollt ablenkt. Von Nackt bis eingehüllt in einen Raumanzug ist alles denkbar. Lediglich eine eingeschränkte Sicht oder der Umgebungstemperatur nicht angemessene Kleidungsstücke könnten die Aufmerksamkeit ablenken und damit einen negativen Einfluss auf den Meditationserfolg nach sich ziehen. Für Traditionalisten gilt, je weniger und je luftiger desto besser und es sollte sich dabei möglichst noch um historische, von den Kelten übernommene, Kleidungsstücke handeln; wobei diese eher einen folkloristischen Charakter und keinen bisher nachgewiesenen direkten Einfluss auf die Meditationsergebnisse zu haben scheinen.

¡PhunrahR8- Kunstwerke

Es bietet sich an, speziell auf ¡PhunrahR8 ausgerichtete Kunstwerke selbst anzufertigen. Dabei ist es für die spätere Auswahl bei der Meditation hilfreich, wenn man sich erinnert, in welcher Stimmungslage man die jeweiligen Werke geschaffen hatte.

Die Palette der Werke kann von einfachen Gemälden über Skulpturen bis hin zu animierten Videos reichen. Besondere handwerkliche Qualitäten oder eine aufwendige Gestaltung der Werke sind dabei in der Regel nicht erforderlich.

Eine starke Wirkung haben beispielsweise bereits einfachste Bilder die ein klar herausgearbeitetes Zentrum aufweisen. Dieses Zentrum kann ohne viel Aufwand oder künstlerisches Geschick durch zur Mitte hin immer kleiner werdende Kreise oder Quadrate erzeugt werden. Im Gegensatz zu herkömmlichen Kunstwerken, bei denen der Stock in der Regel nur in den Rand hineinragt, empfiehlt es sich hier den Knubbel direkt vor das Zentrum zu legen, d.h. in das Zentrum hineinragen zu lassen und den Stock somit in den Mittelpunkt zu rücken.

Darüber hinaus können u. a. auch natürliche Gegebenheiten (beispielsweise Landschaften oder auch Wolkenformationen), Gebäude, Bühnen (Theater, Konzerte, etc.), oder Film und Fernsehen als Meditationswerke genutzt werden.

¡PhunrahR8 und Sexualität

¡PhunrahR8 bezieht sich direkt auf die ursprüngliche Stockmeditation, basierend auf der Legende von Taranis' Hammer. Dementsprechend könnte man ¡PhunrahR8 auf den ersten Blick durchaus als männliche oder männlich behaftete Meditationstechnik verstehen, zumal der Knubbelstock, speziell wenn er zum Knubbel hin ansteigend dicker wird, oft deutlich auf den Phallus als Fruchtbarkeitssymbol älterer Kulturen hinweist.

Kritiker dieser durchaus verbreiteten Ansicht weisen aber darauf hin, dass die Legende über die Nacht der Sieger besagt, dass Männer und Frauen gleichberechtigt zusammen um das Feuer saßen und anschließend ein Junge und ein Mädchen nach der ersten Kunstmeditation gemeinsam ihren kreativen Eingebungen freien Lauf ließen. Dementsprechend sollte ¡PhunrahR8 trotz des Knubbelstocks mit seiner besonderen Form als geschlechtsneutral angesehen werden.

Generell ist ¡PhunrahR8 weder eine Sexualmeditation, noch ist sie zur Weckung oder Steigerung sexueller Gelüste und Energien gedacht. Es soll zwar eine Strömung geben, bei der Paare gemeinsam ¡PhunrahR8 praktizieren, um anschließend zu einem besonders kreativeren Liebesakt zu gelangen, was unter gewissen Voraussetzungen auch durchaus möglich, aber kein erklärtes Ziel von ¡PhunrahR8, ist.

Die einzigen Ausnahmen bilden sexuelle Betätigungen, die als reine Performances gedacht sind. Speziell bei sexuell behafteten künstlerischen Arbeiten vor Publikum bietet sich eine vorangehende gezielte ¡PhunrahR8-Meditations-Einheit durchaus an bzw. ist sogar zu empfehlen. Dabei sollte man allerdings auf Kunstwerke zurückgreifen die möglichst wenig - besser überhaupt nichts - mit sexuellen Handlungen zu tun haben und damit keine einschlägigen Vorlagen bieten, welche die eigenen Phantasien einschränken oder in bestimmte Richtungen lenken könnten.

PhunvahR, seltener PhunvahRg

Trotz oder vielleicht genau wegen der Diskussion um die geschlechtliche Einstufung von ¡PhunrahR8 tauchte in der Geschichte vom blauen Apfel zum ersten Mal ein Meditationsstock auf, bei dem der aufgesteckte und durchstochene Apfel einerseits als Knubbel und andererseits, um neunzig Grad gedreht, als Guckloch für die Meditation genutzt wurde. Aus diesem Guckloch wurde später die Meditationsvagina, die von PhunrahRtls als PhunvahR bezeichnet wird und heute als Symbol für die weibliche Seite von ¡PhunrahR8 steht. Aus dieser geschichtlichen Vorlage entstand später der "Gelochte Knubbelstock", der im Volksmund auch Knubbelvagina genannt wird. Bei diesem Stock ist der Knubbel generell sowie auch im Verhältnis zum Stock wesentlich größer als beim herkömmlichen Knubbelstock. Das Loch muss dabei groß genug sein, dass man problemlos durchsehen kann, auch wenn der Stock nicht direkt vor ein Auge gehalten wird.

Idealerweise sollte das Loch einer PhunvahR ein erkennbares Oval darstellen, durch das man bequem und ohne besondere Anstrengung durchsehen kann. Da dies, selbst mit einem größeren Knubbel, nur bedingt umsetzbar ist, stellt man eine PhunvahR am einfachsten aus zwei gewölbten Stöcken her, die man an den Enden mit Schnüren oder Gräsern so zusammenbindet, dass sie am oberen Ende ein Oval zum Durchsehen bilden. Alternativ kann man auch zwei gebogene Stöcke nehmen und die beiden Wölbungen mit den Händen so halten, dass sie ein Oval bilden.

Bei der Meditation mit der reinen PhunvahR konzentriert man sich darauf, das für die Meditation herangezogene Kunstwerk möglichst nur durch den Spalt zwischen den beiden Stöcken bzw. das eingearbeitete Oval wahrzunehmen. Dies ist eine interessante Alternative zur herkömmlichen Stockmeditation, bei der man das Kunstobjekt über den Knubbelstock hinweg betrachtet, die auch von Männern oft und gerne wahrgenommen wird.

Wenn man das Loch bewusst ausklammert oder nur am Rand wahrnimmt oder den Stock um 90 Grad dreht, kann man eine PhunvahR auch als vollwertige Alternative zu einem herkömmlichen Knubbelstock nutzen. Dabei kann man sie entweder halten, auf spezielle Stockhalter zurückgreifen, oder sie einfach in die Erde stecken.

Die beliebteste und am weitesten verbreitete Technik ist aber, den Stock mit ausgestrecktem Arm vor ein Kunstwerk zu halten und sich auf den kleinen Ausschnitt, den man durch das Loch erkennen kann, zu konzentrieren.

Paarmeditation oder der Partner als Werk

Bei ¡PhunrahR8 kann das Werk („Kunstwerk") auch einfach der Partner sein. Dabei sind Kostümierungen oder künstlerische Bemalungen möglich, aber nicht unbedingt erforderlich. Man hält den Knubbelstock vor den Partner, der sich selbst als Kunstwerk präsentiert bzw. vom Gegenüber zum Kunstwerk erhoben wird. Dabei kann der Stock in einem Halter (z.B. auf einem Tisch) stecken oder, was wesentlich beliebter ist, einfach nur in der Hand gehalten werden. Diese Technik kann noch intensiviert werden, wenn beide (oder mehrere) Partner gegenseitig als Werke fungieren und den Knubbelstock gemeinsam halten. In diesem Fall sitzen sich die Partner gegenüber und betrachten sich entweder durch das Oval einer PhunvahR oder über den Knubbel hinweg. Es empfiehlt sich, dabei auf bemalte oder verzierte PhunvahRs oder Knubblestöcke zurückzugreifen.

Bei zwei Meditationsteilnehmern bieten sich gelochte Knubbelstöcke besonders an. Dabei sitzen die Partner in einem 90 Grad Winkel zueinander, wobei ein PhunrahRti den Knubbel und der Meditationspartner die PhunvahR vor Augen hat. Idealerweise befindet sich der Stock in einer Halterung in der Mitte. Beide Partner blicken durch den Stock bzw. über den Stock hinweg auf zwei Werke, die ebenfalls in einem 90 Grad Winkel zueinander stehen. In der Regel handelt es sich der Einfachheit halber um zwei unterschiedliche Werke. Eine interessante Variation ist es allerdings, auf ähnliche oder gleiche Werke zurückzugreifen.

Bei unterschiedlichen Werken (z. B. auch die Kombination von Gemälde und Skulptur) bieten sich Meditationseinheiten an, bei denen der Stock in einem bestimmten zeitlichen Rhythmus um jeweils 90 Grad gedreht wird.

Als mögliche Alternativen entscheiden sich manche Paare auch für den Doppeltast- oder Doppeltknubbelstock oder den KnubbelvahR-Stock.

Alle drei genannten Stöcke haben die Form eines Ypsilons, wobei die drei einzelnen Aststücke in ihrer Länge jeweils dem Maß eines Knubbelstocks entsprechen.

Doppeltastknubbelstock

Beim Doppeltastknubbelstock befindet sich der Knubbel am unteren Ende des Ypsilons. Bei der Meditation sitzt sich das Paar entweder gegenüber oder eng zusammen. Der Stock wird so gehalten, dass der Knubbel nach oben zeigt, wobei die Partner jeweils einen der v-förmig angeordneten Stockteile halten. Es wird zusammen mit dem gemeinsam gehaltenen Knubbel meditiert. Wenn das Paar nebeneinander sitzt, ist der Knubbel so zu halten, dass beide auf ein großes, oder zwei im entsprechenden Winkel angebrachte Werke schauen. Wenn sich die Partner gegenüber positionieren, sind die Werke jeweils hinter dem Gegenüber anzubringen oder die Partner nutzen sich gegenseitig als Werke.

Doppeltknubbelstock

Beim Doppeltknubbelstock dagegen befindet sich an den beiden offenen Enden des Vs jeweils ein Knubbel. Dementsprechend wird dieser Stock auch nur von einem der beiden Partner wie ein Ypsilon gehalten oder steckt in einer besonderen Vorrichtung. Bei der Meditation sitzt man eng zusammen und konzentriert sich jeweils auf den eigenen Knubbel.

KnubbelvahR-Stock

Beim KnubbelvahR-Stock weist entweder der Knubbel des Doppeltastknubbelstocks ein Loch auf oder einer der beiden Knubbel des Doppeltknubbelstocks wird durch eine PhunvahR ersetzt. Wie auch der gelochte Knubbelstock vereint und symbolisiert dieser Stock gleichermaßen Männlichkeit und Weiblichkeit.

Egal, auf welche Hilfsmittel oder Techniken man bei der Paarmeditation auch zurückgreift, das Ergebnis führt im Idealfall immer zu einem gemeinsamen Werk, das entweder zusammen oder das durch zwei sich ergänzende Werke geschaffen wird.

PhunrahR8-Meditationsarten

Stockmeditation

Bei der einfachen Stock-Meditation wird der Stock vor ein Kunstwerk gestellt, gehalten, oder gelegt (ist eher die Ausnahme), wobei es keine Rolle spielt, an welcher Stelle der Stock in das Werk hineinragt. Die klassische Position ist dabei von unten kommend unter Berücksichtigung des Goldenen Schnitts.

Die Stockmeditation geht auf die ursprüngliche und bereits beschriebene Meditation vor Felsmalereien zurück. Als Erweiterungen bietet sich die Kombination mit Chanten oder Musik an. Die Stockmeditation ist ferner auch in Verbindung mit Tanz geeignet. Dabei kann man sich entweder so positionieren bzw. bewegen, dass man den Stock immer im selben Winkel zum Werk im Auge behält oder den Stock beim Tanz schlicht in der Hand hält.

Die Stockmeditation in heutiger Zeit symbolisiert eine ¡PhunrahR8-Staffel, die von Generation zu Generation weiter-gereicht wurde und wird. Aus diesem Grund ist der Stock mit dem Knubbel das Symbol von ¡PhunrahR8 und wird auch heute noch am häufigsten in den verschiedensten Formen für die Meditation herangezogen.

Reine Naturmeditation

Es gibt auch heute noch viele traditionelle PhunahRtis, die ausschließlich auf die reine Naturmeditation schwören. Hierzu nutzen sie unbehandelte Stöcke, die sie vor eingegrenzten Naturbildern positionieren. Dabei kann es sich um besondere Landschaften, aber auch um einfache Wolkenformationen handeln.

Für diese Meditationstechnik ist es elementar, dass man sich nur auf einen kleinen Ausschnitt der Natur konzentriert. Eine Möglichkeit bietet beispielsweise ein leerer Bilderrahmen zur Eingrenzung des Betrachtungsfeldes, vor dem man seinen Stock positioniert bzw. in den man seinen Stock bereits integriert.

Es bedarf allerdings ein wenig der Übung, bis man in der Lage ist sich voll auf den Inhalt des Rahmens zu konzentrieren und das Umfeld völlig ausblenden kann. Besonders Geübte schaffen es auch, sich gedankliche Rahmen zu setzen, in den sie ihren Stock „hinein" halten.

Bei der Naturmeditation greifen PhunrahRtis gezielt auf die uns alle umgebende Kreativität des großen göttlichen (Kunst)Werks Natur zurück. Sie beziehen sich damit auf die überlieferte Legende, dass diese Technik eine Weiterentwicklung der ursprünglichen Stock-Stein-Phase gewesen sei und über Hunderte von Jahren primär praktiziert wurde. Man vermutet ferner, dass diese Methode erst im frühen Mittelalter an Bedeutung verlor, da sich damit zwar im herkömmlichen Sinne durchaus meditative Effekte erzielen lassen, ihr aber durch die Verwendung von reinen und unbehandelten Naturprodukten die klare Abgrenzung der Meditationsmittel zueinander fehlte und damit die Phantasie, mit dem Ziel der außerordentlichen kreativen Entfaltung, nur mäßig angeregt wurde.

Im Gegensatz dazu erfreuen sich künstlerisch gestaltete oder bemalte Stöcke seit den Ursprüngen von ¡PhunrahR8 bis heute ungebrochener Beliebtheit, wobei die erstgenannten Knubbelstöcke zwar durch die Bearbeitung von dem reinen (unbehandelten) Naturbild ein wenig abwichen, aber da die Verzierungen bei der Meditation meist nur bedingt bis gar nicht wahrgenommen wurden, war auch nur ein minimaler zusätzlicher kreativer Anreiz gegeben. Durch die Verwendung von Farbe dagegen war die Abgrenzung wesentlich klarer und der Kreativitätsschub entsprechend deutlicher ausgeprägt. In diesem Zusammenhang ist anzumerken, dass sowohl der bearbeitete als auch der bemalte Knubbelstock per Definition als rein natürlich anzusehen sind. Stöcke die mit weiteren Materialien verziert werden (z.B. Leder), gelten dagegen nicht mehr als rein. Hilfsmittel, wie beispielsweise Rahmen, die einen natürlichen Abschnitt eingrenzen, verändern den Charakter der reinen Naturmeditation ebenfalls nicht, da sie nicht als grundlegende Meditationsobjekte, sondern lediglich als zusätzliche Hilfsobjekte anzusehen sind.

Die Auslegung der Definition der reinen Naturmeditation wird derzeit ausgiebig und kontrovers von ¡PhunrahR8-Puristen diskutiert, da diese sogar noch einen Schritt zurück gehen und der Meinung sind, dass nur vom Boden aufgesammelte und komplett unbehandelte Knubbelstöcke für die reine

Naturmeditation akzeptabel seien. Dies gelte aus ihrer Sicht ferner auch für die Rahmen, die aus aufgesammelten und mit Gräsern zusammengebundenen Stöcken bestehen müssten, wobei dagegen gemäßigtere Vertreter bei den Rahmen auch einfach und funktionell bearbeitete Hölzer, die von Holznägeln zusammengehalten werden, tolerieren.

Unterstützte Naturmeditation

Bei dieser Technik wird der Knubbelstock durch andere Transportmittel ersetzt, die nicht ausschließlich (z.B. ein Apfel auf einer Eisenstange) oder auch gänzlich nicht natürlich (z.B. Mikrophon) sind. Da diese Art der Meditation immer vor einem Naturhintergrund erfolgen muss, damit der Bezug zur Natur gegeben ist, sind hier alle denkbaren Transportmittel erlaubt, wobei auch einfache Alltagsgegenstände, wie beispielsweise Kochlöffel (die sich zudem auch leicht zu PhunvahRs umgestalten lassen) oder Schneebesen gerne genutzt werden. Diese werden entweder vor ein Fenster mit Blick auf die unbehandelte Natur gestellt oder in die Natur mitgenommen.

Die Meditation mit einem unbehandelten Knubbelstock vor einem nicht natürlich geschaffenen Hintergrund, fällt dagegen nicht unter den Begriff unterstützte Naturmeditation.

Klassische Kunstmeditation

Die klassische Meditation mit einem Knubbelstock vor einem oder mehreren von Menschen geschaffenen Kunstwerken.

Bei der klassischen Kunstmeditation stellt der unbehandelte Knubbelstock den direkten Bezug zu den Naturkräften her, allerdings ohne eine Naturmeditation zu schaffen. Bei den behandelten Stöcken ist es die Form, die noch im Ansatz erkennbar sein muss, welche die kreativen Kräfte in Kontext zu den Naturkräften stellt.

Generell wird durch die Verwendung eines Knubbelstocks der Bezug zu den Kelten, und damit zu den Ursprüngen von ¡PhunrahR8, hergestellt.

Erweiterte Kunstmeditation

Der Knubbelstock wird durch andere Meditationsobjekte (siehe auch "Unterstützte Naturmeditation"), sonstige denkbare Gegenstände (z. B. auch Kunstwerke), oder auch Worte, Wortfolgen oder Sätze ersetzt. Wichtig ist in diesem Zusammenhang, dass die Meditationsobjekte möglichst im Kontrast zu den jeweiligen Werken stehen. Da der Naturcharakter fehlt, sind es ausschließlich die Gegensätze welche den Kreativprozess anstoßen.

Wer anstelle des Stocks Wörter (einzeln oder in Kombination) über die Kunstwerke (in der Regel Bilder) legt, der hat zwei Möglichkeiten. Die erste Möglichkeit sind Wörter, die absolut nichts mit dem Werk zu tun haben und möglichst weit von dem Thema entfernt sind. Dieser Kontrast wirkt besonders stimulierend auf den Kreativprozess und ist auch die gängigste ¡PhunrahR8-Praxis.

Alternativ kann man anstelle der Wörter auch klare ¡PhunrahR8-Meditationsanweisungen (z.B. Forme mit deinem rechten Daumen und Zeigefinger einen Kreis und betrachte durch diesen Kreis die linke untere Ecke des Werks) als Text über die Werke laufen lassen. Eine Steigerung davon ist die Kombination von Anweisungen und der gleichzeitigen Nutzung eines Knubbelstocks (z.B. Hebe deinen Stock in die Höhe).

Die Fingermeditation

Aus Ermangelung an passenden Gegengeständen, was häufig bei spontanen Besuchen in Galerien der Fall ist, greifen mittlerweile immer mehr PhunrahRtis auf die verschiedensten Formen der Fingermeditation zurück. Bei dieser Technik kommen die unterschiedlichsten Finger zum Einsatz, wobei sich aber mit der Zeit eine gewisse Systematik herausgebildet hat:

Daumen

Kommt dem Knubbelstock am nächsten und dient als reiner Stockersatz

Zeigefinger

Schulmeisterfinger, nach dem Motto: Achtung ich mache gerade ¡PhunrahR8!

Mittelfinger

Aggressiv, zur Steigerung düsterer Gedanken; sieht man häufig vor fröhlichen Bildern

Ringfinger

Angeberfinger, nach dem Motto: Ich kann ¡PhunrahR8 mit jedem Finger! Unter PhunrahRtis verpönt.

Kleiner Finger

Understatement, man zeigt, dass man keinen großen Finger braucht

In den meisten Fällen sieht man aber den Daumen oder den Mittelfinger, wobei beim Mittelfinger zudem noch eine gewisse offen gezeigte Protesthaltung hinzu kommt. Man zeigt damit entweder, dass man immer und überall, wann es einem passt, ¡PhunrahR8 betreibt, oder dass man einfach schlecht drauf ist und diese Stimmungslage sichern, in Kreativität umwandeln und zu Papier bringen möchte. Allerdings ist die Nutzung des Mittelfingers in der Öffentlichkeit nicht immer unproblematisch und hat in der Vergangenheit auch schon häufiger zu unschönen Missverständnissen geführt.

Auch bei der Fingermeditation sollte man darauf achten, zumindest einen Stift und einen kleinen Block mit sich zu führen, um sich Skizzen oder Notizen machen zu können.

Eine Variation der Fingermeditation sind bemalte oder auch einfach beschmierte Finger oder Fingernägel. Hier konnte man schon die verrücktesten Dinge beobachten, wie beispielsweise in Senf oder Ketchup getauchte Finger. Unter PhunrahRtis ist besonders der Blaue Daumen beliebt.

Auch wenn manche wenige Angeber die Fingermeditation dazu nutzen, um zu zeigen, dass sie ¡PhunrahR8-Experten seien, so ist sie doch eine hervorragende Möglichkeit zur Meditation, wenn man ansonsten kein Transport- oder Störmittel zur Verfügung hat. Im Gegensatz zu den Angebern, die absolut nicht im Geiste von ¡PhunrahR8 agieren, achten PhunrahRtis bei der Fingermeditation immer darauf, diese möglichst unauffällig auszuführen.

¡PhunrahR8 als Licht- oder Feuermeditation

Es gibt auch heute noch viele Anhänger der ursprünglichen Siegesmeditationen vor dem Feuer. Wie bei den Siegesfeiern üblich, wird der Stock streng nach den überlieferten Regeln vor einem Feuer in die Erde gesteckt. Auch wenn diese alte Meditationstechnik durchaus die Kreativität wecken kann, ist sie nach heutigen Maßstäben strenggenommen eigentlich kein wirkliches ¡PhunrahR8, denn normalerweise bedingt ¡PhunrahR8, dass immer ein im Rahmen eines Kreativprozesses oder von der Natur geschaffenes Kunstwerk in den Prozess eingebunden sein sollte und dieses dann auch im Zentrum der Meditation steht bzw. das Zentrum bildet. Generell geht man bei ¡PhunrahR8 von der Annahme aus, dass erst die bereits materialisierten kreativen Kräfte aus der Natur oder den Händen eines Künstlers, symbolisiert und dargestellt durch das Meditationsobjekt (Kunstwerk), den Kreativfluss in Bewegung bringen und zur Geburt neuer Kreativität führen. Das Feuer nimmt hier eine Sonderstellung ein, da es einerseits eine Rückbesinnung auf die Ursprünge der Meditation symbolisiert und andererseits, nach der Entfachung, als rein natürlich anzusehen ist.

Feuer, die komplett ohne menschlichen Einfluss (auch keinen indirekten) entstanden sind, gelten dagegen als reine Naturerscheinungen.

Feuer als Transportmittel entsprechen den Anforderungen an eine ¡PhunrahR8-Sitzung. In diesem Zusammenhang ist heute die Technik des brennenden PhunrahR8-Stocks sehr beliebt, wobei man hier in der Regel spezielle, mit einem Knubbel versehene Kerzen nutzt. Bei der modernen Variante wird dagegen auf Taschenlampen zurückgegriffen. Sie werden in der Regel so postiert, dass man das Werk nur schemenhaft im Hintergrund erkennen kann. Das Bild wird nie direkt angestrahlt, da der Fokus ansonsten nur noch auf den Lichtkegel gerichtet ist.

Die Klassiker sind allerdings einfache Kerzen, die so vor den Werken postiert werden, dass sie, ähnlich wie ¡PhunrahR8-Stöcke, leicht in sie hineinragen.

¡PhunrahR8 als Wassermeditation

Neben Feuer lässt sich aber auch mit Wasser ¡PhunrahR8 praktizieren. Hier sind die Wasserfontänen zu erwähnen, die sich häufig vor oder hinter Schlössern finden. Da sie bewusst von Menschen geschaffen wurden, passen sie auch als Meditationsobjekte. Es wird vermutet, ist aber noch nicht erforscht, dass einzelne Fontänen gezielt zum Zwecke der Meditation geschaffen wurden. Es gilt jedoch als sehr wahrscheinlich, dass sie schon seit langer Zeit zu Meditation genutzt werden. Wenn man im Sommer aufpasst, kann man häufig Menschen sehen, die sich so hinter Wasserfontänen platziert haben, dass sie den Wasserstrahl zusammen mit dem dahinterliegenden Gebäude oder alternativ den Park im Blick haben. Sie verharren eine Weile, um dann aufzustehen und mit dem Malen zu beginnen bzw. ein bereits vor der Meditation begonnenes Bild fortzusetzen. Andere sprechen in seltsame, knubbelstockähnliche Mikrophone, sogenannte PhunrahRphons, und manche nehmen einfach ihre Kameras zur Hand, um Bilder von ihrer Umgebung zu machen, die nicht mehr den alltäglichen Touristenfotos entsprechen.

Man sollte darauf achten, wenn man sich in der Nähe einer Fontäne mit dem entsprechend ansprechenden Hintergrund befindet und Leute sieht die seltsame und auf den ersten Blick ungewöhnliche Dinge tun, beispielsweise wie manisch fotografieren, denn dann könnte ¡PhunrahR8 im Spiel sein.

Darüber hinaus nutzen manche stehende Gewässer als Spiegel für dahinterstehende Kunstwerke, speziell Skulpturen. Die Objekte werden dabei so gestellt, dass man sie über den

Stock hinweg gut auf der Wasseroberfläche betrachten kann. Diese Technik stellt einen besonderen Reiz dar, da durch die Bewegung des Wassers das eigentliche Werk selbst in Fluss gerät und sich ständig verändert und neu erfindet, um am Ende wieder in seinem Ursprungszustand zu verharren. Durch diese andauernde Verwandlung ist auch kein Austausch des Werks erforderlich. Als willkommener Seiteneffekt wirken die Wasserbewegungen zudem auch leicht hypnotisch, wobei man allerdings aufpassen muss, dass die Entspannung nicht überhandnimmt und die Kreativität um ihre Kraft beraubt. Diese Technik lässt sich auch zuhause mit einer flachen, gut gefüllten Wasserschale umsetzen.

¡PhunrahR8-Aus- und Weiterbildung

Die Lehre von ¡PhunrahR8

Die Lehre von ¡PhunrahR8 besteht derzeit im Wesentlichen aus dem zusammengetragenen Inhalt dieses Werkes sowie noch nicht öffentlich bekanntgemachten neuen Forschungs-ergebnissen und geschichtlichen (Neu) Interpretationen der ¡PhunrahR8- Meister.

Die ¡PhunrahR8-Meister sind zudem für die kontinuierliche Weiterentwicklung und Verbreitung der Lehre von ¡PhunrahR8 verantwortlich.

¡PhunrahR8-Meister

Einen ¡PhunrahR8-Meistergrad kann man sich durch besondere Leistungen auf den Gebieten der Erforschung historisch möglicher Zusammenhänge (Historie), der weiteren Entwicklung (Zukunft), der generellen Forschung sowie der Kreativität erwerben. Mit der Verleihung des Titels erhält der ¡PhunrahR8-Meister auch automatisch einen Lehrauftrag für sein Fachgebiet. Dieser Aufgabe kann er entweder durch individuelles Coaching, regelmäßige Informationen (z.B. Newsletter) oder durch die Organisation von Informationsveranstaltungen gerecht werden. Ferner wählen die aktiven ¡PhunrahR8-Meister die 8er-Runde per Mehrheitsbeschluss.

Ein Meistergrad kann entweder von der Großmeisterrunde durch Mehrheitsbeschluss oder durch den Großmeister selbst verliehen, aber auch wieder entzogen, werden. Einen Meistergrad verwirkt, wer seinem Lehrauftrag nicht gerecht wird, die Forschung auf seinem Fachgebiet komplett einstellt, oder sich öffentlich unangemessen negativ über ¡PhunrahR8 äußert. Wer seinen Meistertitel behalten, aber seinen Verpflichtungen nicht mehr nachkommen möchte oder kann, hat die Möglichkeit, die Großmeisterrunde um eine Befreiung auf unbestimmte Zeit zu bitten. Eine solche Bitte um eine Befreiung ist der Großmeisterrunde mit einer plausiblen Begründung persönlich vorzutragen. Eine Annahme des Antrags führt dazu, dass die Meisterschaft in eine stille Meisterschaft umgewandelt wird. Die offiziell möglichen Titel sind dann: Stiller Meister der Historie, Stiller Meister der Zukunft, Stiller Meister der Forschung und Stiller Meister der Kreativität. Stille Meister behalten ihr Wahlrecht für die

8er-Runden, können sich aber selbst nicht in dieses Gremium wählen lassen.

Es gibt vier Arten von Meistern:

Meister der Historie

Ein Meister, der sich um die ¡PhunrahR8-Forschung verdient gemacht hat und dieses Wissen kontinuierlich erweitert. Forschungsschwerpunkte sind dabei geschichtliche Situationen, die auf ¡PhunrahR8-Aktivitäten hinweisen bzw. konkrete Rückschlüsse bieten, sowie die (Neu) Interpretation von historisch belegten Fakten. Dabei ist es ausdrücklich gewünscht, dass sich die Meister der Historie regelmäßig austauschen oder zu (virtuellen) Projektteams zusammenfinden, um die erarbeiteten Erkenntnisse richtig einzuschätzen, oder in den passenden Kontext zu bringen.

Meister der Zukunft

Ein Meister der ¡PhunrahR8 auf dem aktuellen Forschungsstand aufbauend weiterentwickelt. Auch hier spielen Austausch und Zusammenarbeit eine entscheidende Rolle. Es ist wichtig, dass alle Meister der Zukunft immer auf dem gleichen Wissensstand sind und diesen als Grundlage für ihre eigenen Forschungen heranziehen. ¡PhunrahR8 soll stringent weiterentwickelt werden, ohne dabei Nebenströme zu schaffen. Wenn sie es der Sache als dienlich erachten, können Meister der Zukunft selbst die geschaffenen und in der ¡PhunrahR8-Chronik erfassten Regelwerke in Frage stellen und der Großmeisterrunde Änderungsvorschläge unterbreiten.

Meister der Forschung

Ein Meister der Forschung analysiert bestimmte Abläufe und Faktoren der ¡PhunrahR8-Sitzungen oder die Frage der passenden Meditationsobjekte. Dies kann beispielsweise durch die Analyse der Auswirkung von bestimmten Meditationsobjekten oder der Positionen bei ¡PhunrahR8-Sitzung auf den Meditierenden erfolgen.

Meister der Kreativität

Ein Meister, der ¡PhunrahR8 auf kreative Weise erklärt und vermarktet. Ein Meister der Kreativität muss immer auf dem aktuellen Stand der geschichtlichen Forschung sowie der Einschätzung einer möglichen Zukunft sein und diese kreativ verarbeiten und präsentieren können. Die Assistenten des Meisters der Kreativität sind der Phunikator, der für die Öffentlichkeitsarbeit bzw. für die Umsetzung der kreativen Ideen des Meisters zuständig ist, sowie der Informations-beauftragte, der allen an ¡PhunrahR8 Interessierten mit Rat und Tat zur Seite steht.

Meister der Drei (drei Disziplinen)

Ein Meister, der drei Meistergrade aus den vorgenannten Disziplinen erworben hat. Eine mögliche Steigerung wäre der Meister aller Disziplinen. Sämtliche Meister der Drei wählen per einfachen Mehrheitsbeschluss die 8er-Runde.

8er-Runde

Die 8er-Runde setzt sich aus acht Meistern der drei Disziplinen zusammen. Aus diesem Gremium gehen anschließend per Mehrheitsbeschluss der Schriftführer der drei Meister, der Meister der drei Meister und der Großmeister hervor.

Sollte die Runde zu keinem einstimmigen Ergebnis kommen, kann der Großmeister, sofern bereits einstimmig bestätigt, die Positionen des Meisters der drei Meister und/ oder des Schriftführers der drei Meister festlegen. Nach erfolgter Besetzung der drei Positionen wird aus der 8er-Runde die Großmeisterrunde. Der Großmeister wird prinzipiell auf Lebenszeit gewählt, kann aber aufgrund von offen diskutierten Verfehlungen durch Einheitsbeschluss der Großmeisterrunde vorzeitig abgewählt werden, oder er kann selbst, ohne Angabe von Gründen, sein Amt niederlegen. Seine Stellvertretung sowie die Schriftführung können bei begründeten Verfehlungen auf Anordnung des Großmeisters neu gewählt bzw. bestätigt werden.

Mit dem Ausscheiden des Großmeisters durch eigenen Entschluss, Abwahl oder Tod, ist die komplette 8er-Runde neu zu wählen. Beim Ausscheiden des Meisters der drei Meister oder des Schriftführers der drei Meister sind lediglich die frei gewordene Ämter neu zu wählen.

Vakanzen in der 8er-Runde sind durch Wahl aus dem Kreise der Meister der Drei nachzubesetzen.

Großmeister

Hüter des Erbes und Verwalter des Forschungsstands sowie Hauptverantwortlicher für das bessere Verständnis und die Verbreitung von ¡PhunrahR8.

Meister der drei Meister

Offizieller Stellvertreter des Großmeisters, verantwortlich für die Einberufung der Meister der Drei vor anstehenden Wahlen zur Großmeisterrunde oder bei der erforderlichen Nachbesetzung einzelner Mitglieder.

Schriftführer der drei Meister

Der für die Protokollierungen der Sitzungen der 8er-Runde bzw. der Großmeisterrunde sowie sonstiger zu dokumentierenden Veranstaltungen zuständige Meister. Zudem obliegt dem Schriftführer der drei Meister auch das Amt des ersten Stimmenauszählers bei Wahlen.

Phunrist

Neben dem für die Öffentlichkeitsarbeit verantwortlichen Phunikator und dem Informationsbeauftragten gibt es noch den Phunristen, der für Urheberrechte und Rechtsstreitigkeiten in Bezug auf die ¡PhunrahR8-Forschung zuständig ist. Dieser sowie seine beiden Stellvertreter, die allesamt von der 8er-Runde benannt werden, sind die einzigen Nicht-Meister, die den Meistern gleichgestellt sind und die ihnen Anweisungen geben können, wenn sie mögliche Verfehlungen oder Gesetzesverstöße aufdecken. In schwerwiegenden Fällen können sie der Großmeisterrunde oder auch dem Großmeister selbst die Absetzung eines Meisters vorschlagen. In einem solchen Fall debattiert der betroffene Meister vor der Großmeisterrunde seine Verfehlung mit dem Phunristen. Im Anschluss entscheidet die Runde per Mehrheitsentschluss, ob die Vorwürfe, und damit einhergehend die eventuelle Aberkennung des Meistertitels, gerechtfertigt sind.

Die drei Phunristen überwachen ferner auch die Wahlen der 8er-Runde, kontrollieren die durch den Schriftführer der drei Meister erfolgten Stimmauszählungen und prüfen die Protokolle des Schriftführers.

Entscheidungen der Großmeisterrunde

Wird der Großmeisterrunde von den Meistern der Zukunft eine wesentliche Änderung der in der ¡PhunrahR8-Chronik festgelegten Definitionen, Regeln und sonstigen Bestimmungen vorgeschlagen, so müssen diese Änderungen einstimmig angenommen werden. Sollte die Runde beim erstmaligen Vortragen zu keiner einstimmigen Entscheidung gelangen, so kann der Antrag noch bis zu sieben Mal nachgebessert und neu präsentiert werden. Sollte beim achten Mal immer noch keine Einstimmigkeit vorliegen, muss der Großmeister den Antrag an alle Meister stellen. Wenn 88% und mehr der abgegeben Stimmen für die Änderung sind, so gilt diese als genehmigt und wird vom Phunristen in der Chronik aufgenommen. Wenn die erforderlichen Stimmen nicht zustande kommen, gilt der Antrag als abgelehnt und kann in der eingereichten Form nicht mehr gestellt werden.

Diese Vorgehensweise findet auch bei der Wahl des Großmeisters Anwendung. Sollte im achten Wahlgang noch kein Großmeister feststehen, so sind ebenfalls alle Meister zu befragen und diese können den neuen Großmeister dann direkt mit 88% oder mehr ihrer abgegebenen Stimmen wählen. Für den Fall, dass die benötigte Stimmenzahl auch nach der siebten Runde nicht zustande kommt, wird derjenige Großmeister, der die meisten Stimmen bekommt. Die Überwachung der Wahl obliegt den Phunristen.

PhunrahRti

¡PhunrahR8 kann jeder praktizieren und es gibt auch keine Ausbildung zum PhunrahRti. Man wird ein PhunrahRti, indem man regelmäßig ¡PhunrahR8 praktiziert, sich generell für die Kunstmeditation begeistert und diese Begeisterung mit seiner Umwelt teilt. Jeder der denkt, diese Anforderungen zu erfüllen, darf sich einen PhunrahRti nennen bzw. als solcher bezeichnen lassen.

Die einzige Einschränkung gilt für Leute, welche der ¡PhunrahR8-Meditation oder den Meditierenden bewusst schaden oder sie ins Lächerliche ziehen wollen. Sie haben es nicht verdient, als PhunrahRti bezeichnet zu werden und sollten sich auch selbst nicht als solche bezeichnen.

Generell werden ¡PhunrahR8-Anhäger auch

- geschlechtsneutral als als PhunrahRti(s) ,
- männlich als PhunrahRtim(s),
- weiblich als PhunrahRtia(s) und
- Kinder als PhunrahRkids

bezeichnet, wobei diese Bezeichnungen eher selten genutzt werden.

¡PhunrahR8-Orte und besondere Situationen

Die Ha-Has im Schlosspark Nymphenburg

Bei einem Ha-Ha (auch Aha genannt) handelt es sich um eine tiefer gelegte Mauer oder einen Graben, der einen fehlenden Abschnitt einer Gartenmauer ersetzt und damit die Durchsicht über die Parkgrenze hinaus in eine angrenzende Grünfläche verlängert. Die ersten Ha-Has wurden im frühen 18. Jahrhundert in die Gartenkunst eingeführt. Die außergewöhnliche Bezeichnung stammt von der Überraschung der Spaziergänger wenn sie diese visuelle Erweiterung des Gartens entdeckten.

Im Schlosspark Nymphenburg wird anstelle von Ha-Ha der Begriff Aha verwendet. Der Park, der nur wenige Kilometer von der Aubinger Lohe entfernt ist, weist vier Ahas auf, wobei drei davon Sichtmöglichkeiten durch die Wiesentäler ins Umland, aber auch die Sicht vom Umland in den Schlosspark mit seinen langen Sichtschneisen ermöglichen. Von der nach Westen, grob in die Richtung der Aubinger Lohe weisenden Mittelachse mit dem Kanal, führen rechts und links zwei zueinander symmetrisch angeordnete Sichtschneisen den Blick in die Parklandschaft und vermitteln damit eine Illusion von Unendlichkeit.

Es ist der nördliche auf Westnordwest ausgerichtete Aha, dem durch seine Ausrichtung zur Aubinger Lohe bei PhunrahRtis eine besondere Bedeutung zukommt, da er aus ihrer Sicht eine direkte und beabsichtigte Verbindung zur

Aubinger Lohe herstellt. Dementsprechend ist dieser Aha auch der Beliebteste.

Genau wie die südliche Durchsicht, die ebenfalls durch einen Aha über die Parkgrenze hinaus verlängert wird, aber nach Westsüdwest ausgerichtet ist, besteht die nördliche Durchsicht aus einer Rasenschneise mit einem unregelmäßigen Gehölzsaum. Beide Durchsichten beginnen am Bassin des Mittelkanals. Durch die symmetrische Anordnung in Bezug auf Ursprung und Verlauf sowie die gemeinsame westliche Ausrichtung sind auch sie bei PhunrahRtis sehr beliebt, wobei aber die Blickrichtungen bei den Meditationen aufgrund der besonderen Anordnung der beiden Ahas, mit den Vertiefungen vor den Mauerab-schnitten, in den meisten Fällen eigentlich dem Schlosspark zugewandt sind.

Um vor einem Aha am Schlosspark Nymphenburg ¡PhunrahR8 zu praktizieren, nutzt man am besten die Morgen- oder Abenddämmerung, wenn die Sonne den Park in ein besonderes Licht taucht und weniger Spaziergänger unterwegs sind. Meistens sieht man PhunrahRtis, die auf Pfosten, die oben von Tonklumpen abgeschlossen werden, zurückgreifen. Diese Pfosten werden in Ständern (z.B. Christbaumständer) auf die Mauer gestellt. Es ist in diesem Zusammenhang jedoch davon abzusehen, die Pfosten hinter der Mauer im Park in den Boden zu stecken. Dies könnte zu einer Ermahnung durch die Parkaufsicht führen.

Im nächsten Schritt setzt sich der PhunrahRti auf den abfallenden Hügel, der in den Graben vor der Mauer führt, ins

Gras und meditiert mit Blick in den Schlosspark. Diese Technik eignet sich hervorragend für Gruppenmeditationen, bei denen die Teilnehmer im Anschluss Skizzen erstellen, die sie zu einem späteren Zeitpunkt zu einem Gesamtwerk zusammenführen.

Alternativ können auch herkömmliche ¡PhunrahR8-Knubbelstöcke genutzt werden, wobei es sich in diesem Fall aufgrund der Entfernung zur Mauer empfiehlt, diese zu halten oder vor einen großen leeren Bilderrahmen zu stellen, um ein stimmiges Verhältnis von Knubbelstock und Hintergrund herzustellen.

Familienmeditation

Wir versammeln uns zu viert im Wohnzimmer, dunkeln den Raum ab und schalten den Beamer ein. Wir haben die vier Werke, die wir in der vergangenen Woche geschaffen haben, fotografiert, in eine Power Point Präsentation eingefügt und für jedes Bild noch zwei einzelne Wörter, die in keinem logischen Zusammenhang zu den Werken stehen, ergänzt. Die Präsentation ist so ausgerichtet, dass wir pro Person bzw. Bild zwei Minuten haben, wobei die Worte im Minutentakt wechseln. Musikalische Untermalung sowie die zusätzliche Nutzung eines Knubbelstocks haben wir nicht eingeplant.

Wir starten die Präsentation und geben uns völlig den Bildern und den Worten hin. Nach acht Minuten werden die Bilder und Worte von einer tiefblauen Slide abgelöst. Wir nutzen die nun folgenden acht Minuten zur inneren Sammlung, stehen anschließend schweigend auf und machen uns an ein gemeinsames Werk, worauf wir uns im Vorfeld verständigt hatten. Es liegen sämtliche Hilfsmittel bereit und die gemeinsame Arbeit geht uns gut von der Hand. Wir arbeiten schweigend und sprechen erst, nachdem das Bild fertiggestellt ist.

Wir sind mit dem Ergebnis sehr zufrieden und hängen das Bild an die Wohnzimmerwand, wo soeben noch der Lichtkegel des Beamers war. Da uns das Bild sehr inspiriert, planen wir bei der nächsten Meditationseinheit anstelle einer Power-Point-Präsentation unterschiedliche Wörter auf das eine Bild zu projizieren.

¡PhunrahR8 als Bühnenmeditation

Bei Gruppen kann man für ¡PhunrahR8- Meditationen auch Bühnen nutzen. Man klemmt dabei den ¡PhunrahR8-Stock auf ein Pult, das vor oder auf der Bühne steht und dessen Position so gewählt ist, dass sämtliche Zuschauer den Stock vor einem bestimmten vorher ausgemessenen Ausschnitt eines entsprechend großen Werkes im Hintergrund sehen können. Bei größeren Gruppen empfiehlt es sich, einen der Teilnehmerzahl angepassten Stock zu nutzen und die Werke mittels Beamer auf eine Leinwand zu projizieren. Alternativ wurde mangels Knubbelstock auch schon ein senkrecht nach oben ausgerichtetes Mikrophon auf einem Rednerpult als Ersatz genutzt.

Idealerweise sitzt das Publikum vor Tischen oder auf Stühlen mit eingebauten Tischchen. Im Hintergrund des Raumes sollten zudem zusammengeschobene Tische für gemeinsame Arbeiten stehen.

Wenn der ¡PhunrahR8-Aufsatz steht, gibt man dem Publikum genügend Zeit (idealerweise acht Minuten pro Werk) zur Meditation. Bei mehreren Werken ist darauf zu achten, dass der Wechsel in einem kontinuierlichen Fluss erfolgt und keine Pausen entstehen.

Das Publikum wird im Vorfeld darüber informiert, wie viele Werke es präsentiert bekommt bzw. wie viel Zeit für die Gesamtmeditation veranschlagt wurde. Mit dem letzten Werk wird dann der Stock entfernt und es entsteht ein Moment der Ruhe (auch hier sind acht Minuten ideal), in dem man bereits leise am Platz zu schreiben oder zu skizzieren beginnen kann. Man sollte aber darauf achten, dass man seine Umgebung nicht stört und möglichst unauffällig und leise arbeiten. Nach der Ruhephase können sich die Teilnehmer ohne weitere besondere Vorsicht, gerne auch im Dialog mit den Nachbarn, ihren kreativen Schüben hingeben. Dabei kann man entweder am Platz für sich alleine weiterarbeiten oder man geht nach hinten zu den Gruppentischen, tauscht sich aus, lässt die Kreativkräfte zusammenfließen und schafft ein gemeinsames Werk oder die Grundlage für ein gemeinsames Werk.

Die Bühnentechnik wird in erster Linie für Workshops oder ¡PhunrahR8-Informations- und Einführungsveranstaltungen genutzt.

Die Litfaßsäule vor dem Bürofenster

Ich blicke von meinem Fenster direkt auf eine Litfaßsäule. In der Regel ist diese Säule immer nur mit Werbung für einen einzelnen Werbepartner bestückt, was auch diesmal der Fall ist. Seit ein paar Tagen ist die Säule fast durchgehend blau dekoriert, wobei ich den angebrachten Text auf die Entfernung nicht erkennen kann. Mit ihrem abgesetzten Dach wirkt die Säule auf mich wie ein großer Knubbelstock. Hinter der Litfaßsäule steht mit etwas Abstand ein kunstvoll bemalter Camper. Aus meiner Perspektive sehe ich eine bemalte Außenwand (Camper), die in der Mitte teilweise von der Litfaßsäule, sprich: einem vorgelagerten blauen "Stock", verdeckt ist. Ich kann meinen Blick nicht abwenden und sehe mir die Kombination lange an. Dabei entgeht mir völlig, dass jemand in den Camper gestiegen ist und offensichtlich den Motor gestartet hat. Langsam entfernt sich der Wagen aus meinem Blickfeld und erst als er nicht mehr zu sehen ist, wende ich mich ab und wieder meinem Schreibtisch zu. Ohne lange zu überlegen, greife ich nach dem nächstbesten Stift und zeichne die komplette Rückseite einer kurz zuvor ausgedruckten E-Mail voll. Abends, nach einer neuerlichen, diesmal aber geplanten Sitzung, übertrage ich die Skizzen auf eine Leinwand und koloriere sie. Es entsteht ein buntes Bild, dem ich den Titel "Tagträume" gebe.

Ich bin mir nicht sicher, ob es an der Entstehungsgeschichte, oder an der Farbenvielfalt liegt, aber dieses Bild ist mittlerweile eines meiner am häufigsten herangezogenen Meditationsbilder für ¡PhunrahR8.

¡PhunrahR8 im Museum.

Für den Besuch in Museen bietet sich ein spezieller ¡PhunrahR8-Spazierstock an. Dieser Stock wirkt auf den ersten Blick wie ein gewöhnlicher Stock ohne besondere Auffälligkeiten. Er hat eine normale, möglichst auf den Nutzer angepasste Länge, ist in der Regel wenig bis gar nicht verziert und der Knauf besteht aus einem handlichen und nicht zu aufdringlichen Knubbel, der sich beim Gehen in die Handfläche einfügt und der damit bei der fachgerechten Nutzung auch nicht erkennbar ist.

Mit diesem Stock schlendert man durch das Museum und sucht sich ein passendes und ansprechendes Werk aus, positioniert den Stock so, dass er wie ein Knubbelstock in das Werk hineinragt und beginnt an Ort und Stelle mit der Meditation.

Anschließend nutzt man einen Skizzenblock oder ein PhunrahRphon, um die kreativen Ergüsse für die spätere Ausarbeitung zu dokumentieren.

Gut sortierte Museen, Galerien oder Veranstalter von Kunstausstellungen bieten bereits heute ¡PhunrahR8-Stecken oder spezielle PhunrahRphons, von denen man im Anschluss seine gesprochenen Texte auf sein Smartphone übertragen kann und die ferner auch als Knubbelstock genutzt werden können, zur Leihe an. Hier gilt es einfach, beim Einlass nachzufragen.

¡PhunrahR8 vor mehreren Werken

Eine besondere Variante von ¡PhunrahR8 ist die Meditation in einem Raum mit einer Vielzahl von Meditationsobjekten, z.B. ein Museum oder eine Galerie, aus der betrachtenden Bewegung heraus. Dabei gehen bei der Grundform die Bewegungsabläufe ruhig von statten und sind dem Tempo normaler Museums- oder Galeriebesucher angepasst. Bei dieser Technik geht man mit einem ¡PhunrahR8-Stock in der Hand langsam von Werk zu Werk und lässt dabei jedes Werk einzeln oder im Kontext zueinander auf sich einwirken. Durch die Fülle an Meditationsobjekten passiert es häufig, dass der durch einen ¡PhunrahR8-Rundgang hervorgerufene Kreativitätsschub umgehend einsetzt und so enorm ist, dass man immer zumindest einen Bleistift und einen Block oder ein PhunrahRphon zur Hand haben sollte. In diesem Falle gilt: Die Kreativität muss raus und zwar sofort! Und dokumentiert sein!

Je nach Besucherlage kann man bei dem Rundgang, in einer Lautstärke die der Umgebung angepasst ist, auch auf das Chanten der drei Kraftwörter PhunrahR, PhunrahR-Acht und i-PhunrahR-Acht zurückgreifen. Da aber vermutlich einige Museumsbesucher noch nicht, oder wenig von ¡PhunrahR8 gehört haben, sollte man das Chanten in erster Linie für sich selbst praktizieren und möglichst niemanden stören.

Wenn es in die Umgebung passt, z.B. wenn man alleine in einem Besucherraum ist, kann man alternativ den ¡PhunrahR8-Rundgang auch tanzen. Hierzu bieten einzelne Galerien auch spezielle Einzel- und Gruppentänze an.

¡PhunrahR8 in Kirchen

In Kirchen finden sich häufig Kerzenständer mit Kerzen, die so vor Gemälden angebracht sind, dass sich die Kombination hervorragend zur ¡PhunrahR8-Meditation eignet, wobei brennende Kerzen meistens eine verstärkte Wirkung hervorrufen.

Die Meditation kann dabei in aller Stille oder während eines Gottesdienstes vollzogen werden. Speziell durch die Musik und die gemeinsamen Gebete im Gottesdienst kann ein sehr starker Effekt erzielt werden, wobei die Meditation und der folgende Kreativfluss den Gottesdienst und die Gläubigen nicht stören darf.

Wer regelmäßig Kirchen aufsucht, wird feststellen, dass die meisten Gebäude genügend Plätze bieten, an denen sich auch während Gottesdiensten, ¡PhunrahR8 heimlich und in Ruhe ausüben lässt.

Auch wenn die Meditation in einem religiösen Umfeld eine durchaus verstärkende Wirkung auf die kreativen Kräfte haben kann, sollte man nicht vergessen, dass ¡PhunrahR8 keine religiöse Handlung, kein Teil einer religiösen Strömung, und keine Religion ist.

Meditation vor Gebäuden

Wenn man in der Stadt lebt, bietet sich die Meditation vor besonders herausstechenden Gebäuden an. Dabei kann es sich einerseits um historische oder architektonisch ausgefallene Gebäude, aber auch um einfache Plattenbauten handeln. Derartige Meditationen eigenen sich besonders für Spaziergänger, die einen ¡PhunrahR8-Spazierstock besitzen und einen kleinen Block oder ein PhunrahRphon mit sich führen. Idealerweise wird diese Meditation auf einer Parkbank mit leicht erhobenem Stock und Blick auf ein entsprechendes Gebäude durchgeführt. Geschickt ausgeführt, ist diese Meditationsweise sehr unauffällig und man kann im Anschluss in der Regel auch ungestört seinen kreativen Kräften freien Lauf lassen. Wenn die Bank an einem unbefestigten Weg steht, kann man alternativ mit dem Stockende ein Bild bzw. eine Skizze in den Boden kratzen, sofern dieser das zulässt (was vorab zu prüfen ist), und das Werk fotografieren, um sich zu einem späteren Zeitpunkt an die Ausarbeitung zu machen.

Eine weitere Möglichkeit ist die Nutzung von Laternen mit einzelnen Kugeln. Eine solche Laterne vor einem entsprechenden Gebäude ist die ideale Kombination für eine unauffällige Meditation. Man stellt sich so, dass die Laterne im gewohnten Verhältnis des ¡PhunrahR8-Stocks die Fassade verdeckt und meditiert im Stehen. Für den folgenden Kreativitätsschub bieten sich die Nutzung eines kleinen, handtellergroßen Skizzenblocks, den man auch im Stehen nutzen kann, oder das bereits genannte PhunrahRphon an. Eine Variante stellt die Nutzung einer erleuchteten

Kugellaterne dar. Dabei ist allerdings darauf zu achten, dass das dahinterliegende Gebäude entweder ebenfalls beleuchtet oder zumindest gut sichtbar ist. Alternativ, und wenn die Laterne einen freien Blick auf den Nachthimmel bietet, kann man auch vor einem gut sichtbaren Sternenhimmel meditieren. In diesem Zusammenhang kann es auch sehr spannend sein, wenn man anschließend die Skizzen in Dunkelheit anfertigt und sie erst zu einem späteren Zeitpunkt eingehend betrachtet und weiterführt.

¡PhunrahR8 im Krankenhaus

Hierfür kann man ein spezielles Klemmbrett, bestehend aus einer leichten, an den Ecken abgerundeten und abwaschbaren DINA4-Platte aus Plastik oder Blech, an der abwaschbare Stifte stecken, nutzen. Gegenüber vom Bett wird entweder ein Bild angebracht, das der Patient selbst ausgesucht hat, oder das Krankenhaus stellt ein Bild zur Verfügung, oder es befindet sich bereits ein festinstalliertes Bild an der Wand, das genutzt werden kann. Alternativ geht auch ein Fernsehgerät. Der Knubbelstock wird an dem über dem Bett hängenden Haltegriff, wahlweise mit dem Knubbel nach oben oder auch nach unten, angebracht.

Bei der Meditation selbst gibt es zwei grundlegende Möglichkeiten. Man kann sich auf die einfache Meditation zur Schaffung kreativer Werke oder Ideen beschränken oder man kann sich alternativ gezielt mit (der) Krankheit und (der) Heilung auseinandersetzen. Dabei sollte man Werke nutzen, die einen Bezug zur aktuellen gesundheitlichen Situation haben (die beispielsweise Gesundheit symbolisieren).

Manche fokussieren sich auch auf die kreative Schaffung eines Symbols für Heilung oder Gesundheit im Allgemeinen, was allerdings schwierig und nicht immer von Erfolg gekrönt ist. Eine Deutung von Werken im Kontext eines möglichen Heilungsprozesses und deren Bezug auf die aktuelle Lage des Patienten sollte allerdings immer nur unter Einbeziehung von psychologisch geschultem Fachpersonal geschehen.

¡PhunrahR8 vor dem Fernsehgerät

Beliebt ist auch die ¡PhunrahR8-Meditation vor dem Fernsehgerät. Hier reicht die Bandbreite über das gesamte verfügbare Angebot von Musik- und Kultursendungen, über Spielfilme bis hin zu trivialen Fernsehserien. Doch auch wenn die gesamte Programmvielfalt denkbar ist, sollte man keine zu negativen Ausstrahlungen, wie beispielsweise Nachrichten, für die Meditation nutzen. Zu negativ konnotierte Sendungen, speziell wenn sie traurige reale Themen behandeln, können die kreativen Flüsse hemmen, da sie häufig zu Grübeleien über das Gesehene führen und damit den Fluss der Kreativität durch bewusstes Nachdenken ins Stocken bringen. Düstere Sendungen dagegen können sich positiv auf die Kreativität auswirken und zu beeindruckenden dunklen Werken führen.

In der Regel nutzen PhunrahRtis vor Fernsehgeräten Knubbelstöcke oder, falls kein Stock zur Hand ist, je nach Größe der Bildfläche ihre Daumen oder ihren nach oben gestreckten Unterarm mit einer Faust.

Meditationsunterstütztes Joggen

Ich komme von der Arbeit nach Hause, ziehe meine Joggingschuhe an, stecke meinen Knubbelstock in die Jacke und mache mich auf den Weg zu der kleinen Unterführung, die von der Stadt für Graffiti-Künstler freigegeben wurde. Dort ziehe ich den Stock aus der Tasche und klemme ihn seitlich der Unterführung in eine Astgabel und stelle mich so, dass ich im Stehen vor den Graffitis meditieren kann. Bevor ich allerdings mit der eigentlichen Meditation beginne, dehne ich meine Muskeln, um im Anschluss sofort und ohne Verzögerung loslaufen zu können. Erst wenn ich mich auch körperlich bereit fühle, beginne ich mit der ¡PhunrahR8-Meditation. Dabei blende ich mein Umfeld komplett aus. Nach der Meditation mache ich mich direkt auf den Weg, ohne die kreativen Kräfte fließen zu lassen.

Hintergrund für diese besondere und sehr individuelle Vorgehensweise ist, dass ich beim Joggen immer gut nachdenken und folglich die aus der Meditation resultierenden Ideen während des Laufens gedanklich weiter ausbauen kann. Erst wenn ich den Eindruck eines klaren Konzepts habe, halte ich kurz an, um mir ein paar Notizen zu machen oder Skizzen anzufertigen. Dafür führe ich beim gezielten meditationsunterlegten Laufen neben dem Stock auch immer einen kleinen Block und einen Stift mit mir.

Manchmal kommt aber die Klarheit erst zuhause nach dem Joggen. In diesem Fall mache ich mich nach meiner Rückkehr umgehend ans Werk.

¡PhunrahR8 beim Sport

Im Gegensatz zum Joggen kann ¡PhunrahR8 bei anderen Sportarten auch gut während der sportlichen Betätigung eigesetzt werden. Ein Beispiel hierfür ist die Nutzung eines Cross Trainers, bei dem man den Stock entweder vor ein Fernsehgerät steckt oder direkt an dem Trainingsgerät befestigt. Den Knubbelstock im Bild, sieht man sich im Idealfall entweder eine Performance-Show oder eine bereits fertiggestellte ¡PhunrahR8-Präsentation auf DVD an, alternativ kann man selbstverständlich auch auf das aktuelle Fernsehprogramm oder ein einfaches statisches Werk, mit oder ohne musikalischer Begleitung, zurückgreifen.

Neben dem Cross Trainer sind die klassischen Heimtrainer mit Fahrradpedalen sowie Laufmaschinen beliebte Meditations-Sportgeräte.

Generell eignet sich Sport-¡PhunrahR8 besonders für Menschen die beim Sport die besten Ideen haben. Die Verbindung von sportlicher Betätigung und Meditation hilft ihnen dabei aus diesen Ideen konkrete Gebilde zu schaffen, die sie im Anschluss in verschiedenster Weise kreativ verarbeiten bzw. dokumentieren. Gerade für diese Menschen empfiehlt es sich, neben dem Sportgerät immer die entsprechenden Materialien bereitliegen zu haben, um umgehend nach dem Trainingsprogramm an Ort und Stelle loslegen können.

Biergarten, eine besondere Erfahrung

Ich sitze alleine im Biergarten vor einem Weißbier mit einer schönen weißen Schaumkrone. Ein Künstler tritt zu mir an den Tisch und fragt, ob er seine großflächigen Bilder auf dem mir gegenüberliegenden Stuhl abstellen kann. Ich nicke ihm freundlich und wohlwollend zu und betrachte das oben aufliegende Bild mit dem gefüllten Weißbierglas davor. Unbewusst beginne ich zu meditieren und versinke völlig in der Konstellation aus dem sich zügig leerenden Weißbierglas und dem Bild. Nur am Rande nehme ich wahr, dass der Künstler an einem anderen Tisch in ein intensives Gespräch vertieft ist. Als das Weißbierglas leer ist, kann ich für einen kurzen Moment das ganze Bild sehen. Dann wird das Glas ausgetauscht und ein Teil des Werks wieder von der gelben Flüssigkeit verdeckt. Der Künstler ist mittlerweile weitergezogen und spricht nun mit einem älteren Paar drei Tische weiter. Mein Glas leert sich erneut und wird wieder ersetzt. Dann kommt der Künstler zurück an meinen Tisch, nimmt mein Meditationsobjekt, das ich mit einem freundlichen Nicken freigebe, und geht zurück zu dem älteren Paar. Ich vertiefe mich in das neue Bild und leere ein weiteres Glas. Der Künstler setzt seinen Weg von Tisch zu Tisch fort. Er ist offensichtlich sehr gefragt und viele Biergartenbesucher verwickeln ihn in längere Gespräche.

Erst ein paar Gläser später kommt der Künstler zurück. Ich nehme ihn nur undeutlich wahr, kaufe aber das zuletzt genutzte Meditationsbild. Nachdem er sich verabschiedet hat, bitte ich den Ober um einen Stift und Papier, denn plötzlich fühle ich Kreativität, die aus mir heraus muss. Aufgeregt kritzle ich ein paar zusammenhangslose Linien auf den kleinen Rechnungsblock, den mir der Ober freundlicherweise überlassen hat. Ohne den Sinn meiner Kritzeleien zu verstehen, betrachte ich versonnen das Ergebnis meiner Kreativität. Dann kippe ich vornüber und schlafe am Tisch ein. Erst als ich etwas später geweckt werde, beginnt es mir zu dämmern, dass das, was ich für einen Kreativitätsschub gehalten hatte, vermutlich in Wahrheit nur der Effekt von zu viel Bier war. Ich begleiche meine Zeche, händige dem Ober seinen Block samt Werk aus, wanke nach Hause und schlafe dort meinen Restrausch aus.

Am Morgen betrachte ich verkatert das erworbene Bild, das mir eigentlich nicht gefällt, und nehme mir vor, später am Tag, wenn der Kopf nicht mehr so dröhnt, eine nüchterne Meditationseinheit durchzuführen.

Als Fazit bin ich zumindest um eine Erfahrung reicher geworden und habe gelernt, dass sich ein ordentlicher Rausch kontraproduktiv auf die Kreativität auswirkt und man vor oder während der Meditation keinen Alkohol zu sich nehmen sollte.

Für ¡PhunrahR8 geschaffene Orte und Einrichtungen

PhunraHrium

Ein PhunrahRium ist ein Raum der in der Regel von außen gut einsehbar ist und in dem ¡PhunrahR8 praktiziert wird. Der Begriff PhunrahRium geht zurück auf die Antike, in der jede Form eines Tierparks Vivarium, was auf Lateinisch „Behälter für lebende Tiere" bedeutet, genannt wurde. Obwohl ein Vivarium eigentlich eine Anlage zur Tierhaltung bzw. ein Gebäude zur Aufzucht und Pflege lebender, meist wechselwarmer Kleintiere ist, fand der Begriff Einzug in die ¡PhunrahR8-Terminologie. Man geht davon aus, dass der Begriff im Zusammenhang mit dem Scheltopusik zu sehen ist, der speziell bei traditionell ausgerichteten PhunrahRtis ein beliebtes Haustier ist. Auch wenn die Schleiche nur bedingt an einen Knubbelstock erinnert und sich auch nicht gezielt aufrichtet, sodass sie senkrecht in ein Kunstwerk hineinragt, ist sie doch ein beliebtes Meditationsobjekt für zuhause. Viele PhunrahRtis schätzen dabei den Effekt, dass die Schleiche den Zeitpunkt an dem eine Meditation möglich ist, selbst bestimmt, indem sie einen Teil ihres Körpers vor ein an der Rückwand des Terrariums angebrachtes Werk schiebt und dort für einige Zeit verweilt.

Das gängigste PhunrahRium ähnelt einem Squash-Court; der sich in diesem Zusammenhang mit etwas Improvisationsgeschick ebenfalls hervorragend für ¡PhunrahR8 eignet.

In einem PhunrahRium ist an der vorderen Wand ein Halter für die Kunstwerke, in der Regel Bilder, befestigt. Der Halter für den Knubbelstock befindet sich davor, entweder auf einem separaten Ständer oder als Wandhalter, der unterhalb des Werkhalters angebracht ist und aus der Wand herausragt. Um das Werk herum sind häufig verschiedene Lichtquellen installiert, die entweder einzelne Seiten an- oder ausleuchten oder das komplette Werk mit einem Rahmen aus Licht versehen. Alternativ können vor oder neben dem Werk auch Kerzenhalter angebracht sein. Sowohl Werk- als auch Knubbelstockhalter können in der Höhe verstellt werden, damit man aus jeder Position gut sehen kann.

Vor dem Knubbelstockhalter befindet sich eine Tischreihe, die in der Höhe so eingestellt ist, dass man auf dem Boden sitzend oder kniend gut arbeiten kann. Hinter den Tischen sind Matten ausgelegt. Auf diesen kann man sitzen, knien, oder verschiedene Yogapositionen einnehmen. Als nächstes folgt eine Tischreihe in haushaltsüblicher Höhe mit Stühlen dahinter. Abgeschlossen wird das Ensemble mit einer Reihe von Stehtischen. Auf einer Seite des Raums stehen Ständer mit Werken zum Durchblättern und Aussuchen, auf der anderen Seite finden sich Schränke mit Leih-Knubbelstöcken sowie einem umfangreichen Bastel-, Mal- und Schreibzubehör. Der Raum wird hinten von einer großen Scheibe oder einer Wand, in der eine große Glastür oder Fenster für die Zuschauer eigelassen sind, abgeschlossen. Falls kein Publikum gewünscht ist, können die Glasfront, die Glastür, oder die Fenster durch einen Vorhang verdeckt werden.

In Räumen ohne bzw. mit eingeschränkten Sichtmöglich-keiten können über den Tischreihen Videokameras angebracht werden. Dies ermöglicht den Zuschauern den gesamten Meditations- und Kreativprozess vom Anfang bis zum Ende in allen Einzelheiten, entweder bequem auf außen angebrachten Bildschirmen oder im Internet, mit zu verfolgen. Die Anwesenheit von Zuschauern hinten im Meditationsraum ist dagegen nicht zu empfehlen und sollte nur dann angeboten werden, wenn weder ein Sichtfenster, noch Kameras zur Verfügung stehen.

Geschlossene ¡PhunrahR8-Box

Bei der geschlossenen Box handelt es sich um einen möglichst quadratischen Raum mit 1-3 stufigen Holzbänken, ähnlich einer Sauna, in dem an allen vier Wänden auf verschiedenen Höhen teils mehrere Bilder hängen. In der Mitte des Raumes befindet sich eine steinerne Säule, aus der ein ¡PhunrahR8-Stock herausragt. Dabei ist der Stock so angebracht, dass er aus sämtlichen Positionen mindestens in ein Werk hineinragt. Die PhunrahRtis sitzen mit einem Block oder einem Board im Schoß auf den Bänken und meditieren. Nach der vollzogenen Meditation bringen sie noch an Ort und Stelle ihre meditativ heraufbeschworenen Bilder bzw. ihre Einfälle zu Papier.

In diesem Raum sind die verschiedensten Variationen möglich. Man kann beispielsweise mit Licht arbeiten, wobei der Schwerpunkt auf der ¡PhunrahR8-Farbe Blau, ggf. im Wechsel mit dem Gelb des Scheltopusik, liegen sollte. Eine schöne Ergänzung ist auch Wasser als Symbol der fließenden kreativen Kräfte, das unter dem Stock hervorquillt und an der Säule hinab läuft. Ferner bieten sich auch Räucherkerzen, Dampf sowie Soundeffekte (z.B. Tiergeräusche) als weitere Ergänzungen an.

Eine interessante Variation ist die ¡PhunrahR8-Saunabox, wobei ein "Saunagang" die reine Meditationsphase und ein "erweiterter Saunagang" die Ergänzung um die Ruhephase und/ oder die anschließende Kreativbetätigung bezeichnet. Bei dieser Praxis sollte man aber, sowohl im Nassbereich als auch in der Sauna selbst, mit abwaschbaren Boards arbeiten.

Um das Saunaerlebnis voll auskosten zu können, empfiehlt es sich, mit Temperaturen von mindestens über 80 Grad zu arbeiten und die Meditation mit einem Aufguss zu beginnen. Beim „erweiterten Saunagang" kann man zudem nach der Meditationseinheit noch einen kurzen zusätzlichen Aufguss durchführen. Nachfolgend ein Beispiel für einen „erweiterten Saunagang":

1. Kurzer Aufguss (z.B. Apfelaroma) ohne zu wedeln
2. Meditations- und Schwitzphase (8 Minuten)
3. Ruhephase bei geöffneter Tür (8 Minuten)
4. Kurzer Aufguss (z.B. Zitrone zur Belebung)
5. Kreativphase (maximal 8 Minuten in der Sauna, oder alternativ außerhalb der Sauna; d.h. man verlässt die Sauna vor dem zweiten Aufguss)

Wer selbst eine Saunabox bauen möchte, sollte darauf achten, dass er an den vier Seiten Glasscheiben oder Glaskästen anbringt, hinter und in denen die Werke einerseits geschützt sowie andererseits auch leicht ausgetauscht werden können.

Bildung einer ¡PhunrahR8-Gruppe

Um eine ¡PhunrahR8-Gruppe zu bilden, sollte man zuerst mit den Interessenten die grundlegenden Rahmenbedingungen, wie beispielsweise Meditationsort, Technik und Hilfsmittel abstimmen. Ideal ist die Meditation mit wechselnden Bildern die von den Teilnehmern selbst erstellt wurden. Die Mischung unterschiedlicher Techniken oder Materialien (Bilder, Fotos, Collagen, etc.) kann sich dabei als sehr spannend und besonders anregend erweisen.

Zu Beginn der Meditation bringen die einzelnen Teilnehmer dann ihre bevorzugten künstlerischen Materialien und Hilfsmittel mit und legen diese auf einem festgelegten Kunstplatz bzw. einem Kunstareal ab. Dann setzten sie sich schweigend zu einer Gruppe zusammen.

Damit die einzelnen Teilnehmer die Schwingungen der Gruppe während der Meditation besser aufnehmen bzw. sich optimal integrieren können, um damit zur Schaffung einer Einheit beizutragen, sollten sie entweder schweigen, abgestimmt chanten oder einer gemeinsamen Aktivität (z.B. tanzen) nachgehen.

Für welche Betätigung sich die Teilnehmer auch immer entscheiden, sollten sie doch nach der Meditationsphase schweigend aufstehen, gemeinsam zu dem genannten Kunstplatz bzw. Kunstareal gehen und ebenso schweigend damit beginnen ihrer Kreativität freien Lauf zu lassen. Ziel ist dabei nicht ein besonders gut abgestimmtes Kunstwerk zu schaffen, es geht vielmehr um das Bündeln der kreativen

Kräfte zur Schaffung eines gemeinsamen Werkes, das die individuellen kreativen Einflüsse der Teilnehmer reflektiert und vereinigt. Dabei gibt, je stärker der geschaffene kreative Einklang ist, desto weniger Worte werden benötigt; ideal ist es, wenn auch die Arbeiten komplett schweigend verrichtet werden.

Gruppenmitglieder, die sich nicht integrieren können/wollen, sollten aus Gründen der Fairness möglichst schweigend von der kreativen Gruppenarbeit zurücktreten, können aber durchaus die gewonnenen kreativen Kräfte nutzen, um sich selbst, parallel zur Gruppe, künstlerisch zu betätigen.

Die finale Gruppe bildet sich im Anschluss aus den Teilnehmern, die bis zum Ende durchhalten, ihren Teil zum gemeinsamen Werk beigetragen haben und darauf aufbauend gemeinsam weiter machen wollen. Ein Ausstieg ist aber auch danach jederzeit möglich.

Die Aufnahme neuer Mitglieder erfolgt, wie die ursprüngliche Gruppenbildung auch, über eine gemeinsame Meditationssitzung, bei der möglichst alle Gruppenmitglieder teilnehmen sollten, da es immer um das gemeinsame Werk geht. Aus diesem Grunde empfiehlt es sich auch die Gruppe nicht zu groß werden zu lassen.

Besondere Hilfsmittel zur Meditationsunterstützung

Meditation im Kreis oder der Acht

Der runde Kreis des Adventskranzes verdeutlicht aus religiöser Sicht, dass die Verbindung von Gott und dem Menschen beständig und ohne einen Anfang oder ein Ende ist. Zugleich symbolisiert der Kreis den ganzen Erdball.

PhunrahRtis, die bei Meditationen bewusst einen Kreis um sich oder eine Gruppe ziehen, sehen dagegen im Kreis in erster Linie eine Rückbesinnung auf die ursprüngliche Meditationsanordnung der Kelten, die kreisförmig angeordnet um das Feuer saßen, oder das Symbol für Taranis' Wagenrad.

Die Acht stellt dagegen eine Erweiterung des einfachen Kreises dar. Sie besteht aus zwei ineinander übergehenden Kreisen die ebenfalls ohne einen Anfang oder ein Ende sind. Im Zusammenhang mit ¡PhunrahR8 symbolisiert der untere Kreis den ganzen Kopf, der sich mit den innerlich kreisenden Kreativströmen (oberer Kreis) verbindet und mit diesem in eine sich ständig wiederholende Wechselbeziehung tritt, die im Rahmen von ¡PhunrahR8 unendlich fortgeführt werden kann.

Durch die Verbindung und das Ineinandergreifen zweier Kreise greifen Partner bei der gemeinsamen Meditation in der Regel immer auf die Acht zurück und stellen oder setzen sich dabei jeweils in einen der beiden Kreise.

Wenn man aus der Acht heraus meditiert, kann man sich in der klassischen Variante entweder, je nach Winkel, für einen gemeinsamen Knubbelstock vor einem Werk, zwei Knubbelstöcken vor einem Werk oder einen Knubbelstock vor zwei Werken entscheiden.

Weitaus beliebter ist allerdings die Technik den Partner als Meditationshilfsmittel oder –objekt heranzuziehen. Hier symbolisiert die Acht die vollkommene und ins Unendliche gerichtete Verschmelzung der Partner mit einem gemeinsamen Werk. Es sollen Werke geschaffen werden, durch die die Verbindung der beiden Partner über den Tod hinaus auf der Erde weiter besteht.

Kreis und Acht können mit den verschiedensten Hilfsmitteln geschaffen werden. Dabei reicht die Palette von einfachen Kreidezeichnungen auf dem Boden bis hin zu aufwendigen Metallgestellen oder geschlossenen Holzzylindern, die miteinander verbundenen Fässern gleichen. Egal für welche Hilfsmittel oder Techniken man sich auch entscheidet, wichtig ist jedoch, dass sowohl der Kreis, als auch die Acht immer möglichst rund und geschlossen ausfallen, denn nur durch saubere Kreise lässt sich ein Gefühl für Geschlossenheit und Unendlichkeit erzeugen.

Der Einsatz von Kōans

Bei einem Kōan handelt es sich im chinesischen Chan- bzw. japanischen Zen-Buddhismus um eine kurze Anekdote oder Sentenz, die eine beispielhafte Handlung oder Aussage eines Zen-Meisters, in manchen Fällen auch eines Zen-Schülers, darstellt. Dabei wirken Verlauf und Pointen dieser speziellen Anekdoten auf den Laien meist vollkommen paradox, unverständlich oder sinnlos. Auf diese besondere Wirkung wird bei ¡PhunrahR8 gezielt zurückgegriffen.

Im Gegensatz zu den Vorläufern der Kōans, die sich unter anderem um berühmte Fragen und Antworten zwischen Meister und Schüler während der frühen Tang- und Song-Zeit sowie um bedeutungsvolle Reden von Chan-Meistern und Anekdoten über diese Meister drehten, geht es bei ¡PhunrahR8 nur um Fragen, die nicht auf Anhieb zu lösen sind und damit den Intellekt fordern und die Phantasie anregen sollen. Da sich ¡PhunrahR8 ausschließlich um die Schaffung von Kreativität dreht, dürfen Kōans den Intellekt durchaus überfordern und müssen über keinen historischen Kern, der auch intellektuell nachvollziehbar ist, verfügen. Damit ist der Einsatz von Kōans bei ¡PhunrahR8 als Meditationsobjekt wesentlich weitreichender als im Chan und Zen.

Beim Einsatz von Kōans bei ¡PhunrahR8 geht es explizit nicht darum durch Überlegung die richtige Lösung zu finden. Demzufolge sind verstandesmäßige Lösungen des Kōans auch kein Ziel. Gemäß der Grundnatur der Kōans soll sich der eigentliche Sinn nur intuitiv erschließen und dieser ausschließlich über das kreative Werk zum Ausdruck gebracht werden.

Wo es bei der Kōan-Praxis durch die Übung mit dem Kōans die Erkenntnis der Nichtzweiheit zu schaffen gilt und damit die Illusion, dass die Dinge sich unterscheiden und das „Ich" eine unabhängige und von den Dingen losgelöste Existenz führt, aufgelöst werden soll, geht es bei ¡PhunrahR8 darum, die kreativen von den rationellen Gedanken loszulösen und damit bewusst eine gedankliche Zweiheit zu schaffen.

Im Gegensatz zu Zen-Schülern, die jeweils ein bestimmtes zu ihrer Reife passendes Kōan aufgetragen bekommen und die ihrem Meister im persönlichen Gespräch darlegen müssen, dass sie den wahren Gehalt des Kōans während der Meditation erfasst haben, gibt es bei ¡PhunrahR8 keine auf bestimmte PhunrahRti-Gruppen zugeschnittene Kōans.

Beim Einsatz von Kōans als Teil von ¡PhunrahR8 stellt ein Meister, ein weiterer PhunrahRti oder ein Meditationsgehilfe vor Beginn der eigentlichen Stockmeditation eine Frage. Als Beispiel ist hier das allgemein bekannteste Kōan mit der Frage von Meister Hakuin nach dem Geräusch einer einzeln klatschenden Hand zu nennen. Ohne lange über die Frage oder alternativ auch eine absurde Geschichte nachzudenken, beginnt der PhunrahRti umgehend mit der Meditation, die idealerweise ohne Ablenkung (z.B. durch Musik) stattfindet. Die Meditationseinheit wird entweder ohne weitere Worte, mit der Fertigstellung des kreativen Prozesse oder durch ein Gespräch über den Kōan beendet. Es ist aber unbedingt darauf zu achten, dass nach dem einleitenden Gespräch bzw. der Fragestellung während des gesamten Meditations-Kreativ-Prozesses nicht über den Kōan gesprochen wird, da sonst die Spontanität der inneren individuellen Beschäftigung mit dem Kōan beeinträchtigt wird oder ganz verloren geht.

Fahnen- und Fackelhalter

In einigen Städten Italiens (z.B. Siena) finden sich an einzelnen Prachtbauten und Palästen Fahnen- und Fackelhalter von geschmiedetem und gefeiltem Eisen mit herabhängenden Ringen sowie darüber aufragenden, liebevoll verzierten Knubbelstöcken. Inwieweit hinter diese Stöcke Bilder zur Kunstmeditation gespannt wurden, ist nicht bekannt bzw. noch nicht erforscht. Da sich allerdings hinter einigen dieser metallenen Knubbelstöcke problemlos Keilrahmen anbringen ließen, ist es durchaus denkbar, dass sie für ¡PhunrahR8 genutzt wurden.

In der heutigen Zeit dagegen erfreuen sich die Fahnen- und Fackelhalter einer steigenden Beliebtheit und werden immer häufiger für ¡PhunrahR8-Meditationen in der Öffentlichkeit genutzt. Manche Straßenkünstler haben sich sogar darauf spezialisiert, vor Publikum ¡PhunrahR8 zu praktizieren, um im Anschluss die auf bereitgestellten Staffeleien entstandenen Werke direkt Touristen zum Kauf anzubieten. Dabei entsteht häufig auch beim Publikum eine Art Kreativrausch, und da die Zuschauer in der Regel keine Möglichkeit haben, vor Ort selbst kreativ tätig zu werden, reißen sie den Künstlern die Werke, von denen viele denken, sie hätten sie auch selbst erschaffen können, fast aus den Händen. Dies war in der Vergangenheit immer sehr problematisch, da die Werke in der Regel, sofern es sich nicht um Bleistiftzeichnungen handelte, die allerdings weniger beliebt waren als farbenprächtige Aquarelle, einige Zeit zum Trocknen brauchten. Dieses Problem wurde durch die Entwicklung spezieller Rahmen gelöst, bei denen die Leinwände nach innen gerichtet eingespannt und von einer straffen Plastikschicht geschützt, den Kunden in zu den Formaten passenden Tragetaschen überreicht werden. Damit können die Kunden nun die feuchten Werke sofort mitnehmen, ohne sich mit Farbe zu bekleckern. Zuhause können die Leinwände dann mit einfachsten Handgriffen aus den Rahmen genommen, umgedreht und an die Wand gehängt werden.

Videoinstallationen

Videoinstallationen erfreuen sich als Kunstobjekte einer ständig wachsenden Beliebtheit und sind aus Museen, Galerien und Ausstellungen kaum noch wegzudenken. Dieser Trend ist auch an ¡PhunrahR8 nicht vorbeigegangen und immer mehr PhunrahRtis nutzen gezielt Videos als Meditationsobjekte. Dabei wird entweder auf den Knubbelstock zurückgegriffen, den man entweder in entsprechender Position vor dem Bildschirm befestigt oder in der Hand hält, oder es werden einfach die Hand oder einzelne Finger genutzt.

Eine raffiniertere und effektvolle Technik ist das zusätzliche Einblenden von Worten, die in keinem Zusammenhang zu dem Video stehen. Idealerweise erfolgt die Einspielung nach dem Zufallsprinzip in zeitlich konstanten Abständen; analog der Powerpoint-Meditationen.

Spielfilme, Dokumentationen oder Sendungen mit stringenten Handlungen eignen sich nur bedingt für die Mediation, da der Handlungsverlauf oder die dargebotenen Informationen von der eigentlichen Meditation ablenken können und damit keine bzw. nur eine sehr eingeschränkte meditative Vertiefung ermöglichen.

Strahler

Es gibt bereits vielfältige Hilfsmittel für ¡PhunrahR8-Meditationen in geschlossenen Räumen. Mit ein wenig Geschick und durch ¡PhunrahR8 hervorgerufene Kreativität kann man sich hier mit einfachen Mitteln auch sehr gut selbst helfen. An erster Stelle ist dabei der Einsatz von Strahlern zu erwähnen. Speziell bei Bildern mit sehr hellen (ein intensives Gelb eignet sich hervorragend) und durchgängigen Rändern kann der geschickte Einsatz von Strahlern einen intensiven Effekt herbeiführen. Dabei sind jeweils zwei bis vier Strahler so anzubringen, dass sie die hellen Ränder derart bestrahlen, dass die Farben über den Rand hinaus leuchten, ähnlich dem Ambi-Light von speziellen Fernsehgeräten, und damit das Werk über die physischen Begrenzungen hinaus in den Meditationsraum ziehen. Alternativ kann man aber auch den Knubbelstock anstrahlen. Dies bietet sich vor allem bei verspiegelten und stark reflektierenden Stöcken an.

Auch Firmen, die ihren Mitarbeitern regelmäßige ¡PhunrahR8-Meditationseinheiten anbieten und dabei Großbildschirme nutzen, sollten auf ein ¡PhunrahR8 geeignetes Beleuchtungskonzept zurückgreifen.

Einsatzmöglichkeiten von ¡PhunrahR8

¡PhunrahR8 im Kunstunterricht

Während in den öffentlichen Schulen noch eine gewisse ablehnende Haltung zu spüren ist, haben einige private Akademien und Kunstschulen ¡PhunrahR8 bereits erfolgreich in den Unterricht integriert und beginnen praktische Stunden immer mit einer Meditationseinheit.

Eine beliebte Vorgehensweise ist dabei von Schülern der Klasse erstellte Bilder hinter einem Knubbelstock aufzureihen und sie so durchzuwechseln, dass alle Bilder in der vorher vereinbarten Meditationszeit gleich lange gezeigt werden. Sollte kein Stock zur Verfügung stehen, kann auch auf andere Gegenstände, z.B. aufgestellte Pinsel, zurückgegriffen werden. Als Alternative können die Bilder fotografiert und als Power Point Präsentation auf einem Bildschirm oder einer Leinwand gezeigt werden. Herausragende oder besonders ansprechende Bilder können darüber hinaus auch separat im Rahmen einer Wortmeditation gezeigt werden.

Nachfolgend ein Beispiel möglicher Werkvarianten für die meditative Begleitung eines Kunstprojektes:

Projektbeginn

Man greift bei der Meditation auf bereits vorliegende Bilder, die nicht von der Klasse erstellt wurden (eventuell auch Drucke bekannter Künstler), und die entweder in irgendeiner Form zum Thema passen oder auf dieses hinführen könnten, oder die besonders anregend wirken, zurück. Ergänzend kann man auch eine Wortfolge bestimmen, die einen möglichen Bezug zu dem Projektinhalt, aber nicht zu dem Werk, hat.

Während des Projektes

Man nutzt entweder noch einmal die ursprünglichen Werke oder nimmt aktuelle, ggf. noch unfertige, Arbeiten der Klasse. In diesem Zusammenhang kann auch ein Wechsel bzw. eine Vermischung der ursprünglichen mit den neuen Werken eine interessante Kombination sein.

Wortmeditationen sind aufgrund ihres Fokus` auf ein Werk keine wirkliche Alternative mehr.

Projektabschluss

Für die Abschlussmeditation sollte man ausschließlich die im Rahmen der Projektarbeit geschaffenen Werke nutzen und, auch wenn das Projekt beendet ist, umgehend darüber hinaus neue Werke bzw. die Grundlage für neue Werke schaffen. Denn auch wenn die offizielle Projektarbeit abgeschlossen ist, so gilt für den sich ständig weiterentwickelnden Künstler: *Nach dem Werk ist vor dem Werk!*

Eine Abschlussmeditation bietet die Möglichkeit, auf den geschaffenen kreativen Kräften aufzubauen und diese direkt in eine neue Arbeit einfließen zu lassen.

¡PhunrahR8 als einfache Therapie

Für den Einsatz von ¡PhunrahR8 als einfache Therapie ist es wichtig, dass bereits das heranzuziehende Meditationsobjekt und ggf. der Stock selbst vom zu Therapierenden geschaffen oder gestaltet bzw. bei der Nutzung von Worten diese von ihm gewählt werden. Ähnlich der Kunsttherapie setzt die ¡PhunrahR8-Therapie bereits mit der Herstellung des Meditationsmediums ein, wobei Technik und Qualität keine Rolle spielen, da das Werk in der Regel ausschließlich für den individuellen Einsatz geschaffen wird. Der Therapeut kann diesem Prozess beiwohnen, muss es aber nicht zwingend. Sollte er sich für Ersteres entscheiden und dabei ein Dialog entstehen, so kann dieser später in die Meditation einfließen bzw. bei der Besprechung des Meditationsergebnisses aufgegriffen werden.

Ferner können vom Therapeuten von Beginn an gezielt Worte eingeworfen werden, die dann im Werk künstlerisch einbezogen und verarbeitet werden. Dies kann einerseits geschehen, um die Meditationen in eine gewünschte Richtung zu leiten, d.h. die Worte werden über das geschaffene Kunstwerk (wieder)entdeckt, oder die Bedeutungen verschmelzen bei der aktiven Meditation mit den durchlaufenden Begriffen zu neuen, nicht zwangsläufig sinnvollen, Wortgebilden.

Für die Gestaltung der Kunstwerke gibt das gleiche Prinzip wie bei der Herstellung der Meditationsobjekte; es sind weder handwerkliches Geschick noch besondere Begabungen erforderlich. Jedes aus dem kreativen Prozess heraus geschaffene Werk ist der Behandlung dienlich, wobei der gesamte Meditationsprozess idealerweise in einem positiven Umfeld erfolgt und von positiven Gedanken begleitet wird.

Ein mit den Grundlagen von ¡PhunrahR8 vertrauter Therapeut kann, angefangen von einfachen Kreativitätsblockaden bis hin zu wesentlich tiefer greifenden Problemen, eine Vielzahl von Beeinträchtigungen „behandeln", wobei speziell nach erschütternden oder traumatischen Erlebnissen die Schaffung von individuellen Meditationsobjekten im Zusammenspiel mit der anschließenden ¡PhunrahR8–Meditation und dem daraus hervorgehenden Kreativitätsschub sowie der Umsetzung in einem Kunstwerk dazu beitragen kann, den Glauben an die inneren Kräfte und Möglichkeiten neu zu entfachen und damit neues Selbstvertrauen aufzubauen.

Wer ¡PhunrahR8 als Therapie einsetzt, orientiert sich nicht an den Symptomen des zu Therapierenden, sondern arbeitet ausschließlich mit dem aus der Meditation hervorgehenden kreativen Output.

Der Übergang zur PhunrahRpie als medizinisches Heilmittel ist fließend und kann eigentlich nicht wirklich abgegrenzt werden.

PhunrahRpie: KreativTherapie

Bei der gezielten KreativTherapie, die unter der Bezeichnung PhunrahRpie bekannt ist, handelt es sich um eine an die Kunsttherapie angelehnte Therapie zur Steigerung der Kreativität. Unter professioneller Aufsicht angewandt, kann sie auch zum Zwecke der körperlichen und geistigen Heilung eingesetzt werden, wobei aber zu beachten ist, dass es sich um eine rein künstlerische und in keinster Weise klinische Therapie handelt. Für die medizinische Auswertung von Werken, die im Rahmen von PhunrahRpie entstanden sind, sind in der klassischen Kunsttherapie geschulte Therapeuten hinzuzuziehen.

PhunraRpie, die dagegen hauptsächlich dem Zwecke der Erweckung und Steigerung der inneren Kreativkräfte dient, wird in der Regel von PhunrahRtis begleitet. Dies können einfache Anhänger von ¡PhunrahR8 oder auch Meister sein.

Daneben kann die PhunrahRpie auch einen Beitrag zur Entwicklungsförderung, der Selbstverwirklichung und der Schulung sinnlicher Wahrnehmungen und deren Umsetzung dienen.

In Anlehnung an die Kunsttherapeutische Triade, welche das Zusammenspiel von Patient, Kunsttherapeut und Werk beschreibt, gibt es in der PhunrahRpie die sogenannte PhunrahRpische Triade. Diese unterscheidet sich von der Kunsttherapeutischen Triade in der Besetzung der Akteure, wobei der Patient durch den (nach Kreativität) Suchenden und der Kunsttherapeut durch den PhunrahRtis ersetzt werden, sowie der andersgelagerten Beziehungen zueinander. Die Rolle des Werkes ist dagegen ähnlich.

Im Gegensatz zur Kunsttherapeutischen Triade, bei der zwischen den drei Ebenen (Patient, Kunsttherapeut und Werk) wechselseitige Beziehungen bestehen, gibt es in der PhunrahRpischen Triade keine Wechselbeziehung zwischen dem Sucher und dem PhunrahRtis (sofern diese nicht aus medizinisch erforderlichen, therapeutischen Gründen zum Einsatz kommt). Die Beziehung zwischen dem Sucher und dem PhunrahRtis besteht ausschließlich über das geschaffene Werk. In diesem Sinne obliegt es dem Suchenden, das Werk für sich selbst zu beurteilen bzw. zu deuten, wobei auch die Kommunikation der beiden Akteure über das Werk erfolgt, d.h. sie sprechen entweder über das Werk selbst, über die angewandte Technik, wie das Werk nach außen hin zu deuten ist, oder auch direkt mit dem Werk. Sie analysieren jedoch nicht die psychische oder physische Auswirkung auf den Suchenden.

Eine Alternative ist die gemeinsame Betrachtung des entstandenen Werks ohne Kommunikation. Dadurch entsteht ein weiteres gemeinsames meditatives Umfeld auf einer neuen, bereits von Kreativität durchtränkten, Ebene. Manchmal wird im Anschluss an die nachgelagerte Meditationseinheit das bestehende Werk noch einmal überarbeitet oder ein komplett neues Werk geschaffen.

Ein großer Unterschied zur Kunsttherapie ist auch, dass der Sucher und der PhunrahRtis gemeinsam ein Werk schaffen können. Dies ist die stärkste Form der PhunrahRpie, allerdings nur dann, wenn die Zusammenarbeit wirklich spontan entsteht und der Sucher das Werk für sich allein interpretiert. Bei einer im Vorfeld geplanten Zusammenarbeit werden die unterschiedlichen Rollen aufgehoben und damit wird aus einer Therapiesitzung eine gemeinsame Meditationssitzung. Dies gilt auch für den Fall, dass der Phunrahtis aufgrund der gemeinsamen ¡PhunrahR8-Meditation ein eigenes Werk schafft. Dieses Werk kann nur dann zur Therapie herangezogen werden, wenn es spontan entstanden ist. Auch hier gilt, dass die Interpretation dem Sucher obliegt.

Selbstverständlich kann der PhunrahRtis auch im Vorfeld geplante Skizzen anfertigen. Diese sind jedoch mit dem Sucher nicht zu teilen.

Bei einer optimalen kreativ-therapeutsichen Sitzung nimmt der PhunrahRtis einen Platz seitlich des Suchers ein, mit eingeschränkter Sicht auf Stock und Werk. Sich gegenüber zu setzen, ist generell kontraproduktiv, außer der PhunrahRtis ist selbst das Werk.

Der Sucher und der PhunrahRtis sollten im Vorfeld klären, wer für die Auswahl der Meditationsobjekte verantwortlich ist. Diese Vorabsprache ist wichtig, da durch die Auswahl der Objekte ein nicht zu unterschätzender Einfluss auf die Sitzung genommen wird. In diesem Zusammenhang laufen derzeit auch Versuche, welche Auswirkung extrem freundliche, oder extrem düstere Bilder auf den Sucher haben. In der Regel wird bei diesen Sitzungen auf den Knubbelstock, der möglichst naturbelassen und frei von Verzierungen sein sollte, zurückgegriffen.

Bei Gruppensitzungen übernimmt der PhunrahRtis die Rolle des Mediators zwischen den Suchern. Da für diese Rolle eine gewisse Neutralität erforderlich ist, sollte sich der PhunrahRti so setzen, dass ihn kein spontanes Bedürfnis zu einer Teilnahme überkommt. In dieser Situation würde sich der in der Einzelsitzung stärkende Effekt kontraproduktiv und schwächend auf die Gruppe auswirken, da das Werk des PhunrahRtis in den Mittelpunkt rücken könnte und damit die Homogenität der Gruppe nachhaltig beeinträchtigt würde.

Bei der PhunrahRpie wird nicht zwischen Mal- oder Gestaltungstherapie unterschieden. Da die Kreativität an sich im Vordergrund steht, verwenden manche auch den Begriff Kreativitätstherapie. Um Verwechslungen mit anderen etablierten Therapieformen zu vermeiden, sollte dieser Begriff immer nur mit einem klaren Hinweis auf bzw. im Kontext zu ¡PhunrahR8 verwendet werden.

Wie bei allen ¡PhunrahR8-Sitzungen spielt Technik beim künstlerischen Ergebnis keine Rolle. Die kreativen Kräfte sollen ungehindert fließen und ein Werk schaffen, das frei von gedanklich gesteuerten Beeinflussungen ist. Wenn der beisitzende PhunrahRtis bemerkt, dass der Kreativprozess ins Stocken gerät und der Sucher zu denken oder technisch zu arbeiten beginnt, sollte er ihn sanft in die Welt der inneren Gedanken zurückführen. Dies kann durch ein im Vorfeld vereinbartes Signal (z.B. ein leiser Gesang), oder durch eine leichte Berührung des ausführenden bzw. schaffenden Arms erfolgen. Es ist extrem wichtig, ein rein intuitives Bild zu schaffen. Eine technische Ausarbeitung kann dann im Anschluss erfolgen. Der reine kreative Output zeigt sich immer nur in Werken, die in einem stetigen Fluss erschaffen wurden. Die sogenannten "Schöpferischen Pausen" sind hier fehl am Platz.

Ähnlich wie bei der Kunsttherapie, die auf anthroposophischer Grundlage beruht, sind auch bei PhunrahRpie anthroposophische Ansätze erkennbar. Ausgehend von dem Menschenbild der Dreigliederung des Menschen werden die den Wesensgliedern zugeordneten Verben Denken durch Treiben (Geist), Fühlen durch Kommen (Seele) und Wollen durch Machen (Körper) ersetzt. Sie stehen in einem geschlossenen Kreislauf zueinander in Beziehung. Der Eintritt in den Kreis erfolgt durch das Treiben, das man auch mit Meditieren gleichsetzen kann, setzt sich durch das Kommen der Eingebung fort und manifestiert sich im Machen. Wenn man dann Machen wiederum als Grundlage für Treiben heranzieht, hat man den Kreis schließlich geschlossen. Dieser Kreis wird von vielen aktiven PhunrahRtis gelebt, die ihre durch ¡PhunrahR8 geschaffenen Werke immer wieder als Meditationsvorlagen heranziehen um darauf aufbauend neue Werke zu schaffen.

Darüber hinaus beinhaltet die PhunrahRpie viele Elemente der intermodalen Kunsttherapie die in den 1970er Jahren in den USA unter dem Begriff "Expressive Arts Therapy" entwickelt wurde. Bei dieser in Deutschland als "Intermediale Kunsttherapie" bekannten Therapie werden weitere Künste wie Tanz, Musik oder Texte mit einbezogen. Während die "Intermediale Kunsttherapie" mit der "intermodalen Dezentrierung" durch die Abwendung von den jeweiligen Problemen einen lösungsorientierten Ansatz verfolgt, sind die erweiterten Künste in der PhunrahRpie lediglich als Hilfsmittel gedacht, um die innewohnenden kreativen Kräfte zum Fließen zu bringen.

Eine ausgezeichnete Kombination mit der PhunrahRpie bildet das sogenannte "Messpainting", wo mit den unterschiedlichsten Hilfsmitteln (z.B. Zeitungspapier, Kleister, Fraben, Pinsel) sehr schnell möglichst viele Bilder gemalt werden. Die Bilder entstehen dabei aus einem ungehemmten Bewegungsablauf und bedecken oft bis zu 80% der Unterlage mit Farbe. "Messpainting" ist eigentlich dazu gedacht, durch spontanes Malen die Kreativität anzuregen. In der PhunrahRpie wird dieses Ziel umgedreht und "Messpainting" als Mittel eingesetzt, die kreativen Kräfte des Suchers in einem Fluss zum Ausdruck zu bringen.

Darüber hinaus stellt auch die Ausdrucksmalerei eine schöne Verbindung zur PhunrahRpie dar. Dabei wird im Stehen mit Gouachefarben, Händen und Pinseln gemalt, wobei das Ergebnis nicht im Vordergrund steht. Bei dieser Technik geht es ausschließlich darum, Kreativität erzeugt zu haben. Dies ist eine gute Methode, sich selbst zu beweisen, dass man in der Lage ist, sich ungehemmt kreativ betätigen zu können. Ausdrucksmalerei bietet sich besonders für Gruppensitzungen an und ist neben dem kreativen Effekt auch eine sehr lustige Angelegenheit. Ferner eignet sie sich auch gut für Teambuilding-Maßnahmen in Unternehmen. Durch die gemeinsamen zügellosen kreativen Betätigungen werden Teams oder Gruppen häufig stark zusammengeschweißt.

Kreativität äußert sich auch häufig durch Formenzeichnen, was ein interessanter Faktor ist, da das Vorbild für das Formenzeichnen die Kunst der Kelten und die "Ars lineandi" in der Steinmetzkunst der Langobarden und Iren ist. Idealerweise wird bei dieser Technik an einer Stelle begonnen und dann, ohne den Pinsel oder Stift abzusetzen, ein Muster geschaffen.

In Fällen, in denen lediglich Ton oder Knetmasse zur kreativen Betätigung zur Verfügung stehen, kann man den Sucher, ähnlich wie bei der Arbeit am Tonfeld nach Heinz Deuser, dazu auffordern, den Ton bewusst wahrzunehmen und ihn während der Meditation in seinem Inneren zu gestalten.

Beim Einsatz der PhnunrahRpie in der klassischen Kunsttherapie ist das Hinzuziehen eines PhunrahRtis aus technischer Sicht sinnvoll und wünschenswert, die Analyse und Auswertung der geschaffenen Werke sowie das Therapiegespräch sollte dagegen aber ausschließlich einem ausgebildeten Therapeuten obliegen.

Generell sind die Übergänge von der normalen ¡PhunrahR8-Meditation und der PhunrahRpie fließend und können nur bedingt voneinander abgegrenzt werden.

¡PhunrahR8-Kreativworkshop

Ein ¡PhunrahR8-Kreativworkshop besteht aus acht Schritten, wobei für jeden Schritt acht Minuten angesetzt sind:

1. Wahl der Mittel

Es werden verschiedene Gegenstände zur Schaffung von Kunst auf einem Tisch ausgebreitet. Dabei sollte auf eine große Auswahl unterschiedlicher Kunst- bzw. Hilfsmittel geachtet werden (z.B. Leinwände, Pinsel, Ton, Knetmasse, Stoffe, etc.). Alles, was gefällt, ist möglich. Idealerweise sprechen sich die Kursteilnehmer im Vorfeld ab, um eine möglichst große Auswahl zu erreichen, wobei alle Gegenstände allen zur Verfügung stehen. Die Teilnehmer haben nun acht Minuten Zeit, sich für Kunst- und Hilfsmittel zu entscheiden. Eine beliebte Variante ist dabei, die Gegenstände unter eine Decke zu legen und sie von den Teilnehmern ertasten zu lassen. Erfahrungsgemäß suchen die Teilnehmer zuerst gezielt nach den von ihnen mitgebrachten oder bestimmten Gegenständen (z.B. Bleistift), bevor sie sich treiben und auf neue Hilfsmittel einlassen. Dies ist ein äußerst spannender Prozess, der auch unter der Bezeichnung „Erfühlen der Möglichkeiten" bekannt ist und schon häufig zu neuen Techniken geführt hat.

Sofern vom Kursleiter nicht vorbereitet bzw. vorgegeben, werden in diesen ersten acht Minuten auch die zu verwendenden Werke sowie die Powerwörter und -sätze für das gemeinsame Chanten für die erste Meditationseinheit ausgewählt. Bei Bedarf und konkreter Nachfrage der

Teilnehmer können acht zusätzliche Minuten gewährt werden.

2. Vorbereitung

Die Teilnehmer haben nun weitere acht Minuten, um sich an ihre Plätze zu begeben, die ¡PhunrahR8- Stöcke in Position zu bringen und ihre Hilfsmittel vorzubereiten (z.B. Farben mischen). Der Kursleiter bringt in dieser Zeit die von ihm oder den Kursteilnehmern ausgewählten Meditationsobjekte in Position und spricht dabei laut die ausgewählten Chants vor.

3. ¡PhunrahR8-Kreativmeditation

Nun beginnt die erste Meditationseinheit mit einem gemeinschaftlichen Chanten, wobei der Kursleiter das Chanten anführt, indem er die Wörter oder Sätze laut ausspricht und die Kursteilnehmer diese wiederholen oder sie gemeinsam mit ihm sprechen.

Selbstverständlich kann auf das Chanten auch verzichtet werden, allerdings wird in diesem Fall die Meditationseinheit von den Teilnehmern häufig entweder als zu ruhig oder auch als zu unruhig durch die Geräusche Einzelner empfunden.

4. Laufenlassen des Kreativitätsschubs

Mit dem Ende der Meditationseinheit beginnt unverzüglich der Kreativteil. Die Teilnehmer greifen nach den ausgewählten Hilfsmitteln und lassen ihrer Kreativität entweder alleine oder als gemeinsame Übung mit einem oder mehreren Partnern freien Lauf.

Obwohl an diesem Punkt ungezügelte Aktionen klar in der Überzahl sind, gibt es dennoch immer wieder Kursteilnehmer, die überlegte und strukturierte Skizzen für die spätere Ausarbeitung zu Papier bringen.

Wenn gezielt ein gemeinsames Werk geschaffen werden soll, empfiehlt es sich, zusätzliche acht Minuten zur gemeinsamen Sammlung und Absprache zu gewähren. Auch wenn dadurch ein Teil der Spontanität verloren geht, wird zumindest die Koordination deutlich erleichtert.

5. Innehalten zur Gedankensammlung

Anschließend folgen acht Minuten, um innezuhalten und die geschaffenen Skizzen und Werke zu betrachten. Dabei starten die Kursteilnehmer in der Regel beim eigenen oder gemeinsam geschaffenen Werk, um sich langsam auch mit den Werken der weiteren Kursteilnehmer zu befassen. In dieser Zeit wird nicht gesprochen.

6. Weitere Meditationseinheit (wie unter 3. beschrieben)

Nun folgt eine weitere ¡PhunrahR8- Meditationseinheit über dem eigenen bzw. gemeinsam geschaffenen Werk oder, sofern vom Platz aus gut einsehbar, einer Arbeit eines weiteren Teilnehmers. Alternativ kann auch auf das ursprüngliche Meditationsobjekt zurückgegriffen werden.

7. Erneutes Laufenlassen des Kreativitätsschubs

Es wird entweder das während der ersten Einheit begonnene Werk fertiggestellt oder etwas völlig Neues geschaffen.

8. Gemeinsames Feiern der Ergebnisse

Man freut sich offen und gemeinsam über die begonnenen oder geschaffenen Werke und tauscht sich mit den anderen Teilnehmern aus. Dabei sind Tipps und Anregungen zu späteren weiteren Ausarbeitungen durchaus erwünscht. Zum Ende der acht Minuten gibt es noch ein Erinnerungsfoto mit den ¡PhunrahR8-Stöcken und den geschaffenen Werken.

¡PhunrahR8-Workshop für kreatives Schreiben

Der geschilderte ¡PhunrahR8 –Kreativworkshop wird auch als reiner Schreibworkshop angeboten. In diesem Fall dient der erste Schritt zur Auswahl des/der Kunstobjekte/s für die Meditationseinheiten sowie der Bereitstellung der Arbeitsmittel (PC, Stift, Mikro). Nach dem vierten Schritt (Laufenlassen der Kreativität) gibt es eine zusätzliche Meditationseinheit vor dem anstehenden Innehalten zur Gedankensammlung. Dafür entfällt das gemeinsame Feiern der Ergebnisse, da die Ausarbeitung der Texte in der Regel erst zu einem späteren Zeitpunkt erfolgt.

Der Schreibworkshop eignet sich zudem auch hervorragend zur Überwindung von Schreibblockaden.

¡PhunrahR8 als besondere Kunsttherapie

Die heute bekannte Kunsttherapie gilt als junge therapeutische Disziplin aus dem Bereich der künstlerischen Therapien mit Wurzeln in der Mitte des 20. Jahrhunderts in den USA und Europa. In erster Linie wird dabei mit der bildenden Kunst gearbeitet, hierzu zählen unter anderen malerische oder zeichnerische Medien oder plastisch-skulpturale Gestaltungen. Mit diesen Mitteln können Patienten therapeutisch begleitet innere und äußere Bilder ausdrücken, ihre kreativen Fähigkeiten entwickeln und ihre sinnliche Wahrnehmung ausbilden.

In der Kunstgeschichte gibt es Parallelen zum kunst-therapeutischen Umgang mit Bildern. Schon vor langer Zeit haben sich bildende Künstler, wie beispielsweise Francisco de Goya (1746–1828), Edvard Munch (1863–1944) oder Frida Kahlo (1907–1954) mit ihren inneren Bildern und ihrem Bezug zur Wirklichkeit auseinandergesetzt.

Bei Francisco de Goya waren es die Dämonen und Ungeheuer, die sein Inneres beherrschten, die der Künstler in Gestalt von Fledermäusen (Tiere der Nacht) präsentiert hatte. Die entsprechende Darstellung trägt den Titel: „Der Schlaf (Traum) der Vernunft erzeugt (gebiert) Ungeheuer". Lion Feuchtwanger kommentierte die Darstellung mit: „Solange die Vernunft schläft, erzeugt die träumende Phantasie Ungeheuer. Vereinigt mit der Vernunft aber wird die Phantasie zur Mutter der Künste und all ihrer Wunderwerke". Eine andere Übersetzung lautet: „Die Phantasie, vom Intellekt

(Verstand, Vernunft) verlassen, bringt Monstren hervor, vereint mit ihm ist sie die Mutter der Künste".

Das „Schlafen" bzw. kurzzeitiges Ausschalten der Vernunft ist einer der Grundpfeiler von ¡PhunrahR8. Erst wenn die Vernunft im Rahmen der Meditation stark zurückgefahren bzw. ausgeschaltet ist, beginnt die Kreativität zu fließen. In diesem Stadium ist alles möglich, selbst die Erzeugung von Monstern ist denkbar, aber eher die Ausnahme. Manche PhunrahRtis vertreten die These, dass im Übergang von der meditativen in die kreative Phase der Kreativfluss die Vernunft (= künstlerische Möglichkeit) „erweckt", sich mit ihr vereinigt und die beiden im Zusammenspiel in einem neuen Werk münden bzw. ein neues Werk gebären. Dementsprechend wird dieser Vorgang von einigen PhunrahRtis in Anlehnung an Lion Feuchtwanger auch als „Geburt aller Künste" bezeichnet.

Die Mehrheit der PhunrahRtis geht allerdings davon aus, dass die Vernunft im direkten Zusammenhang mit dem Kreativprozess nur eine untergeordnete bis keine Rolle spielt.

Manche PhunrahRtis gehen sogar noch einen Schritt weiter und sind der Ansicht, dass diese Verbindung sogar hinderlich ist, da sich damit die künstlerischen Möglichkeiten nur auf das denkbar Mögliche reduzieren.

Die tatsächliche Rolle der Vernunft, sofern sich diese klar greifen und abgrenzen lässt, ist und bleibt auch weiterhin ein spannendes Thema das eine große Spielwiese für eine weitere gezielte ¡PhunrahR8- Forschung bietet.

¡PhunrahR8 und die Klecksographie: Faltbilder

Bei der Klecksographie handelt es sich um die Darstellung von Mustern und Figuren aus Farbklecksen. Wenn man Papier in der Mitte faltet, auf dem man zuvor Tinten- oder Farbklekse aufgebracht hat, entstehen symmetrische Darstellungen, die man als gegenständliche Darstellungen interpretieren kann. In der Psychodiagnostik wurde dieses Verfahren zur Grundlage des Rorschach-Tests.

Klecksographien eignen sich hervorragend für ¡PhunrahR8 und sind beliebte Meditationsobjekte für den Einsatz in der Therapie. Klecksographien sollten immer gezielt vor der Meditation für die jeweilige Sitzung angefertigt werden, wobei der Stock bei der Meditation entweder mittig vor der Faltlinie, oder seitlich verschoben im Verhältnis des Goldenen Schnitts, angebracht werden sollte.

Das kreative Ergebnis kann anschließend im Kontext zur Klecksographie diskutiert werden, wobei man im Gegensatz zum Rorschach-Test bei ¡PhunrahR8 keinem Psychologen Rechenschaft über die Deutung der als Meditationsobjekte herangezogenen Klecksbilder sowie der Assoziationen abgeben muss und sie ferner auch nicht zur Erstellung eines psychologischen Profils genutzt werden. Bei ¡PhunrahR8 zählt ausschließlich der kreative Output, der in der Therapie zwar als Gesprächsgrundlage herangezogen werden kann, aber darüber hinaus nicht psychologisch zu deuten ist.

¡PhunrahR8-Klangschalenmassage

Der Einsatz von Klangschalen im Zusammenhang mit ¡PhunrahR8 erfreut sich einer stetig wachsenden Beliebtheit unter den PhunrahRtis. Es bilden sich mehr und mehr Gruppen, die sich regelmäßig zu ¡PhunrahR8- Klangschalen-sitzungen treffen und in diesem Zuge auch den Einsatz der Klangschalen in der Kunstmeditation weiter optimieren. Diese neu geschaffene Kombination von der klassischen Klangschalenmassage und ¡PhunrahR8, die einfach als ¡PhunrahR8-Klangschalenmassage bezeichnet wird, wurde zudem auch bereits von einzelnen Therapeuten aufgegriffen und wird als erweiterte Therapieform angeboten.

Bei der ¡PhunrahR8-Klangschalenmassage wird auf dem Grundprinzip von Klangschalen aufgebaut, den Körper wieder in Einklang zu bringen. Wie bei der herkömmlichen Klangschalenmassage werden zur Vorbereitung auf die eigentliche Kunstmeditation verschiedene Tonlagen am Körper und in der Aura benutzt, um Blockaden aufzulösen und somit eine Entspannung zu erreichen, die durch die vom Klang erzeugten Schwingungen Harmonie erzeugt. Harmonie wird dadurch erreicht, dass die Schwingungen das Gewebe durchdringen und in Vibration versetzen. Dies führt zu einem innerlichen Mitschwingen, unabhängig davon, ob einem die Klänge gefallen, was blockierte Körperstellen in Vibration versetzt und sie damit wieder in ihre innere harmonische Frequenz zurückführt.

Erst wenn dieser Zustand erreicht ist oder wenn man kurz davor ist, beginnt man mit der eigentlichen Meditation. Dabei wird die Klangschalenmassage erst einmal normal weitergeführt, wobei der Klöppel zwischendurch wie ein Knubbelstock in im Vorfeld vereinbarten zeitlichen Abständen kurz vor ein im Blickfeld des PhnurahRtis angebrachtes Kunstwerk gehalten wird, um dazwischen wieder zum Spiel mit der Klangschale genutzt zu werden. Dieser Einsatzwechsel des Klöppels wird so lange praktiziert, bis der PhurahRti seine Bereitschaft zur Kunst signalisiert. Nach einem entsprechend vereinbarten Zeichen, z.B. das Heben eines Armes, werden die Klangschalen unverzüglich entfernt und die bereitgelegten Gegenstände zur Schaffung eines neuen Werks gereicht.

Es gibt Musikinstrumente, z.B. Basstrommeln, Didgeridoos sowie verschiedene ethnische Instrumente, die selbst im Abstand von einigen Metern beim Erklingen ein Mitvibrieren des Körpers erzeugen.

Einen besonders durchdringenden Klang erzeugt man aber mit tibetischen Klangschalen, wobei man diese einerseits mit dem Klöppel anschlagen oder mittels eines Knubbelstocks aus Holz durch Reiben des Schalenrands zum Klingen bringen kann. Bei der zweitgenannten Methode entstehen besondere schwebende Klänge, die nicht nur den Körper durchdringen, sondern darüber hinaus auch das Bewusstsein zu beeinflussen scheinen. Der damit verbundene Entspannungseffekt kann durch das Summen von Chants noch weiter verstärkt werden.

Phonophorese: Stimmgabel-Therapie

Neben den Klangschalen erfährt auch der gezielte Einsatz von Stimmgabeln immer mehr Zuspruch bei erfahrenen PhunrahRtis. Wie bei der Klangschalenmassage geht es bei dem Einsatz von Stimmgabeln darum, durch Schwingungen Vibrationen zu erzeugen und diese auf den Körper zu übertragen. Dies ist besonders ausgeprägt, wenn die in Schwingung versetzte Stimmgabel auf Akupunktur-Punkten und Chakren (Energiezentren) aufgesetzt wird. Durch die Aufnahme der Vibrationen entsteht ein Wohlgefühl beim Meditierenden.

Für PhunrahRtis die mit Stimmgabeln oder Klangschalen arbeiten sind bewusst herbeigeführte Schwingungen, gemäß der Erkenntnis von Heraklit "Panta rhei", dass alles fließt bzw. schwingt, der ideale Ausgangspunkt für einen optimalen Kreativitätsfluss, der sich im besten Falle ohne spürbaren Übergang in dem zu schaffenden Werk materialisiert. Dabei geht man davon aus, dass der durch den gezielten Einsatz von Stimmgabeln erzeugte ungehinderte Energiefluss zu Ergebnissen ohne Kreativitätsverlust führt. Demzufolge ist hier der heilende Faktor, der das Lösen von Verstimmungen und Blockaden zum Ziel hat, die Grundlage für einen optimalen Meditationserfolg.

Bei der praktischen Anwendung von Stimmgabeln bringt man eine Stimmgabel zum Schwingen, setzt sie anschließend auf wechselnde Akupunktur-Punkte oder Chakren und hält sie nach dem Abklingen der Schwingung wie einen Knubbelstock vor ein Werk. Diesen Wechsel wiederholt man so lange, bis der PhunrahRti bereit ist und dies durch das im Vorfeld vereinbarte Zeichen signalisiert.

¡PhunrahR8-Mittagspause

Ich komme gerade vom Essen zurück, schalte meinen PC ein, setzte meinen Kopfhörer auf und wähle experimentellen Jazz. Dann nehme ich eine besonders bequeme Position auf meinem Bürostuhl ein und lasse auf meinem Bildschirm die ¡PhunrahR8-Präsentation laufen.

Speziell für die Mittagspausen habe ich verschiedene Meditationssätze von jeweils acht Minuten vorgefertigt, bei denen sich im Minutentakt die Worte verändern. Die Meditationsbilder habe ich selbst gemalt oder fotografiert.

Da am Nachmittag mehrere wichtige Meetings anstehen, für die ich meine kreativen Kräfte gut gebrauchen kann, wähle ich die nachträglich mit einem Fotoprogramm bearbeitete Fotografie einer belebten Straßenkreuzung, auf der die Autos allesamt in einem dunklen Rot zu leuchten scheinen. Die Wortfolge ist:

- Generalsaniertes Puppenhaus
- Frühkartoffelpufferesser
- Kücheneinbaumannschaft
- Baugerätereinigungsdienst
- Blutspendenberatungsagentur
- Immobilienblasenaufstecher
- Telefonansageversteher
- Ausrangierte Milchkühe

Am Ende der Präsentation wird der Bildschirm schwarz. Da ich den Vorlauf der Musik gut abgestimmt hatte und zum richtigen Zeitpunkt eingestiegen bin, verklingt die Musik nahezu zeitgleich mit dem Ende der Präsentation. Ich schließe die Augen und lasse die Meditation noch ein paar Minuten nachwirken. Innerlich gestärkt öffne ich die Augen wieder und spüre wie sich die geweckten kreativen Kräfte in konkreten Bildern manifestieren. Ich zeichne auf dem bereitgelegten Block eine Skizze und mache mir zudem ein paar Notizen für die spätere Ausarbeitung, in dem Bewusstsein, bereit zu sein, den Nachmittag anzugehen.

Ich nutze regelmäßig einen Teil meiner Mittagspause für ¡PhunrahR8. Meine Kollegen sind darüber informiert und lassen mich in Ruhe meditieren. Mittlerweile haben sich sogar schon erste, von den Kollegen ins Leben gerufene und organisierte, Meditationsgruppen gebildet. Die Teilnehmer ziehen sich in einen bereitgestellten Konferenzraum zurück und meditieren gemeinsam vor einem großen Fernsehgerät, oder einer Leinwand. An der Tür findet sich dann ein entsprechender Hinweis, dass eine Gruppenmeditation stattfindet und die Teilnehmer nicht zu stören sind. In der Regel halten sich auch alle Mitarbeiter im Unternehmen an diese Bitte.

¡PhunrahR8 im Büro

In einigen Unternehmen werden zudem offizielle, zentral organisierte ¡PhunrahR8-Meditationen angeboten. In der Regel finden diese vor und nach den Kernarbeitszeiten, in den Mittagspausen und zum Teil auch nachmittags zu festen Zeiten statt. Es gibt einen Wochenplan, in dem die Meditationseinheiten bzw. –techniken (z.B. Beamer, Video, Personenmeditation, etc.) bekanntgemacht werden. Darüber hinaus wird auch das erforderliche Zubehör (Knubbelstöcke, Kunstwerke) zum Großteil gestellt. In manchen Unternehmen dürfen die durch ¡PhunrahR8 geschaffenen Werke sogar in den Firmenräumen ausgestellt werden.

Es empfiehlt sich für Firmen, in denen regelmäßig zentral organisierte ¡PhunrahR8-Meditationen angeboten werden, einen ¡PhunrahR8-Beautragten für die Organisation und Koordination zu benennen. Dieser verfügt idealerweise über Weisungsbefugnis, d.h. er darf bei Problemen auch Mitarbeiter hierarchieübergreifend maßregeln und ist verantwortlich für die Einhaltung der Grundregeln:

1. Pünktliches Erscheinen

2. Keine mobilen Telekommunikationsgeräte

3. Keine Gespräche oder sonstigen Störungen

4. Kein frühes Gehen

Der ¡PhunrahR8-Beautragten muss aber nicht zwangsläufig ein Mitarbeiter des Unternehmens sein. Mittlerweile gibt es bereits einige ¡PhunrahR8-Meister, die umfangreiche Firmenprogramme anbieten. Dieser Service geht teilweise sogar so weit, dass sie neben der Organisation der Sitzungen sowie der Bereitstellung der Materialien für die geschaffenen Werke sogar Ausstellungsmöglichkeiten anbieten oder organisieren.

¡PhunrahR8 als Mittel zum Teambuilding

Wenn es ausschließlich um den Zweck des Teambuildings geht, dann bietet sich die unter dem Punkt ¡PhunrahR8-Kreativworkshop dargestellte Vorgehensweise an, wobei zu unterscheiden ist,

ob der Manager als Teil des Teams in die Übung mit eingebunden werden soll (in diesem Fall ist ein unabhängiger Kursleiter erforderlich), oder

der Manager in seiner Funktion als Manager außerhalb des Teams steht bzw. stehen soll (in diesem Fall könnte er die Rolle des Kursleiters übernehmen)

Daneben gibt es auch noch das zweckausgerichtete Teambuilding, das als eine Art (Grund)Stoffsammlung zur Lösung eines Problems oder zur Entwicklung eines neuen Produktes oder einer neuen Struktur zu verstehen ist. Bei dieser Maßnahme sind Stöcke, Werke und sonstige Rahmenbedingungen vorgegeben und auf die Schaffung einer gemeinsamen Idee ausgerichtet. Dabei werden die gemeinsam oder einzeln geschaffenen Werke im Anschluss an die Meditationseinheit gemeinsam dahingehend analysiert, ob sie die kreative Grundlage für neue Denkanstöße zur Lösung der im Vorfeld gestellten Aufgabe oder Problemstellung bieten.

Auch hier kann entweder ein interner (anderes Team, andere Abteilung oder Bereich) oder externer Kursleiter hinzugezogen oder diese Rolle vom Manager wahrgenommen werden.

¡PhunrahR8 als Managementwerkzeug

Diese Methode baut ebenfalls auf dem zuvor genannten Kreativworkshop auf. Im Gegensatz zum Teambuilding ist hier immer der Manager oder ein zu fördernder Mitarbeiter der Kursleiter. Der Manager nutzt ¡PhunrahR8, entweder um sein Team zu stärken, einen potentiellen neuen Manager an das Team heranzuführen, oder um die kreative Grundlage zur Lösung von Aufgaben und Problemen zu schaffen.

Bei der Einführung eines neuen Managers kann der bisherige Manager entweder den gesamten Meditations- und Kreativprozess, möglichst ohne direkt wahrgenommen zu werden, beobachten oder dem potentiellen neuen Manager die Aufgabe übertragen, den anschließenden Kreativprozess zu leiten.

¡PhunrahR8 zum Kennenlernen

Im Gegensatz zum Teambuilding geht es hier alleine darum, sich gegenseitig kennenzulernen. Die Teilnehmer können zwar dem gleichen Team angehören (in diesem Fall ist aber vermutlich gezieltes Teambuilding die bessere Variante) oder bunt zusammengewürfelt sein. Speziell in Unternehmen, in denen die Mitarbeiter vorrangig elektronisch kommunizieren, ist eine gemeinsame ¡PhunrahR8-Sitzung eine ideale Möglichkeit, neue Kollegen bzw. Kollegen neu oder auf eine andere Art kennenzulernen.

Diese Sitzungen sind geprägt von einer anhaltenden Kommunikation, welche bei der Bereitlegung der Hilfsmittel beginnt und die sich über das gemeinsame Herstellen eines Meditationsobjektes, die Meditationsphase, die Auswahl der Hilfsmittel, die Schaffung eines gemeinsame Kunstwerkes und die anschließende Diskussion über das Werk erstreckt.

Die Rolle des Kursleiters kann extern vergeben, aber auch intern wahrgenommen werden.

Die Hauptaufgabe des Kursleiters ist es, die Kommunikation über den gesamten Prozess hinweg am Laufen zu halten.

Sonstiges Wissenswertes zu ¡PhunrahR8

Die Rolle der Druiden und der Weg zur Kreativtherapie

Die Druiden bildeten eine intellektuell und religiös hochgebildete Oberschicht des keltischen Gesellschaftssystems. Die Ausbildung zum Druiden dauerte nach Cäsar bis zu zwanzig Jahre, in denen sie eine große Zahl von Versen und Chants auswendig lernten. Diese Chants nutzten sie vor allem im Rahmen ihrer Lehrtätigkeiten bei Naturmeditationen mit ihren Schülern. Neben dem Lehreffekt wurden Naturmeditationen zur Erweiterung der eigenen Kreativität sowie aus medizinischen Zwecken eingesetzt. Aus medizinischer Sicht ging man davon aus, dass die kreative Verarbeitung einer Krankheit im Rahmen einer Naturmeditation diese in das entstandene Werk bannt und somit den Körper vom Leiden befreit. Das Werk wurde in der Regel direkt an Ort und Stelle mit dem ¡PhunrahR8-Stock in den Boden geritzt. Erst nachdem der Druide dann dem Patienten mitteilte, dass die Krankheit vollständig in das Werk übergegangen sei, durfte er es zerstören und galt damit als geheilt. Bei ausbleibenden Erfolgen oder Rückfällen hatte der Patient nach der Lehre der Druiden einfach zu wenig Intensität in die Meditation gelegt und damit den inneren Kreativitätsfluss gehemmt. Damit konnte nur ein Teil seines Leidens (oder auch nichts) auf das Werk übertragen werden. In diesem Fall musste die Meditation im achttägigen Rhythmus wiederholt werden. Patienten, bei denen die Heilung trotz mehrmaliger Meditationen dennoch ausblieb, galten als innerlich geblockt und wurden je nach Stand mit Heilpflanzen weiterbehandelt. Bei dieser Behandlung war allerdings das primäre Ziel nicht die Heilung von dem Leiden selbst, vielmehr ging es darum, den inneren Kreativfluss wieder zum Laufen zu bringen, um anschließend die Heilung doch noch mit Hilfe von ¡PhunrahR8 herbeizuführen. Auf dieser Technik, die zudem auch als Wiege der Kunsttherapie gilt, entstand die heute in ausgewählten ¡PhunrahR8-Zentren praktizierte Kreativtherapie.

Bei dieser Therapieform kommen je nach Stimmungslage des Patienten entweder sehr schöne und freundliche Naturbilder oder sehr düstere Schreckensbilder zum Einsatz. Auch die Chants sind entweder sehr fröhlich oder absolut düster. Anschließend wird das Leiden mit künstlerischen Mitteln dargestellt. Erst wenn beide, der Patient und der ¡PhunrahR8-Meister, der Meinung sind, dass die Krankheit in das Werk übergegangen ist, wird das Werk in einem rituellen Akt zerstört. Es ist dabei selbstredend, dass die meisten Patienten heutzutage nicht das umgehende Verschwinden ihrer Leiden erwarten, aber viele berichten von einer großen Erleichterung und Linderung ihrer Beschwerde, oder sind zumindest der Meinung, dass die Meditationseinheiten massiv zu ihrem Gesundungsprozess beigetragen hätten.

Johannistag und Johannisfeuer

Beim Johannistag, der auch unter Johanni oder Johannestag bekannt ist, handelt es sich um das katholische Hochfest der Geburt Johannes' des Täufers am 24. Juni. Die Nacht vor dem Johannistag, der in enger Verbindung zum antiken Datum der Sommersonnenwende (ca. 20-24. Juni) steht, wird Johannisnacht genannt, in der die Johannisfeuer abgebrannt werden. Gemäß Lukasevangelium wurde der Johannistag ausgehend vom liturgischen Datum der Geburt Jesu her errechnet, d.h. drei Monate nach Maria Verkündigung und sechs Monate vor Weihnachten. Damit ergibt sich ein direkter Bezug zur Wintersonnenwende am 25. Dezember und in der Folge vom längsten auf den kürzesten Tag des Jahres, was sich hinsichtlich des kommenden Christus in dem Täuferspruch „Er muss wachsen, ich aber muss kleiner werden" reflektiert. Auf diesem Spruch basiert eine auf ¡PhunrahR8 angepasste Version „Sie muss wachsen, er aber muss kleiner werden", wobei sich hier das „Sie" auf die innere Kreativität und das „Er" auf den monotonen Alltag beziehen.

Das Johannis- oder Würzfeuer steht in einem Zusammenhang mit der Symbolik von Feuer und Sonne, wobei die Sonne wiederum für Taranis' Wagenrad sowie den „von oben kommenden Ursprung" in Form des fallenden Hammers von ¡PhunrahR8 steht. Dementsprechend ist die Johannisnacht bei PhunrahRtis sehr beliebt, wobei neben der klassischen Stockmeditation vor dem Feuer auch der Tanz um das Feuer immer häufiger zu sehen ist. Bei dieser Technik hält man den Knubbelstock ebenfalls vor das Feuer, wobei man allerdings darauf achten sollte, ihn beim Tanzen nicht aus den Augen zu verlieren.

PhunrahRtis veranstalten zudem in der Nacht vom 7. auf den 8. August, dem ¡PhunrahR8-Festtag, die ¡PhunrahR(n)8, die sich sehr stark an der Johannisnacht orientiert.

¡PhunrahR8-Tag

Der Donnerstag (englisch Thursday, dänisch und schwedisch torsdag) ist nach Donar/Thor benannt. Der Tag war bereits in der Antike den Göttern Zeus bzw. Jupiter geweiht und wurde mit der Übernahme der ursprünglich babylonisch/ägyptischen 7-Tage-Woche durch die Germanen dem lateinischen Begriff nachgebildet. Es gibt konkrete Hinweise darauf, dass dieser Tag von den Kelten als PhunrahR-Tag übernommen wurde und damit unseren heutigen Sonntagen entsprach, wobei der PhunrahR-Tag allerdings zugleich auch als Wochenmittelpunkt galt. Durch die Erhöhung dieses Tages zum Feiertag und gleichzeitigem Wochenmittelpunkt spricht man auch von einem doppelten Tag bzw. dem (gedachten) achten Tag der Woche.

Heute gibt es viele ¡PhunrahR8-Anhänger oder auch –gruppen, die speziell (nur) an Donnerstagen sowie an jedem Achten des Monats meditieren, wobei der achte August der jährliche ¡PhunrahR8-Festtag ist. An diesem Tag kommen die PhunrahRtis in einzelnen Gruppen zum Praktizieren von ¡PhunrahR8 und dem anschließenden gemeinsamen Feiern zusammen. Wenn der achte August zudem auf einen Donnerstag fällt, treffen sich die PhunrahRtis in größeren Gruppen an besonderen Kraftorten, wie beispielsweise der Aubinger Lohe, und veranstalten das ¡PhunrahR8-Kreativfest.

Art brut

Obwohl die Meditation allen offensteht und es keine bestimmte Zielgruppe gibt, finden sich bei ¡PhunrahR8 durchaus auch Elemente von Art brut. Diese Feststellung bezieht sich darauf, dass durch ¡PhunrahR8 wirklich jeder Kunstwerke erschaffen kann und häufig selbst etablierte Künstler Werke hervorbringen, die nicht in ihr gewohntes Portfolio passen. Die durch ¡PhunrahR8 geschaffenen Werke können durchaus, und ohne abwertend zu seln, als eine besondere Art von „Außenseiterkunst" angesehen werden. Dementsprechend ist ¡PhunrahR8 auch meistens außerhalb etablierter Kunstformen und –strömungen angesiedelt.

Der Begriff Art Brut, was auch unverbildete und rohe Kunst bedeutet, ist eigentlich ein Sammelbegriff für autodidaktische Kunst von Laien, Kindern und Menschen mit geistiger Behinderung. Die Bezeichnung kommt von dem französischen Maler Jean Dubuffet, der sich mit einer naiven und antiakademischen Ästhetik beschäftigte und der 1947 in Paris die Compagnie de l'Art brut gründete. Damit öffnete er die Türen zum exklusiven Kunstbetrieb für sogenannte „Außenseiterkunst", wobei er betonte, dass es allein um die Wirkung der Kunst gehe, was auch ein großes Anliegen von ¡PhunrahR8 ist. Jean Dubuffet suchte dabei die sinnlichen und ästhetischen Qualitäten des individuellen bildnerischen Ausdrucks, wie er in Gestaltungen von Laien, in Schöpfungen von „Geisteskranken", Kritzeleien von Kindern oder Gestaltungen sogenannter primitiver Kulturen zum Ausdruck kommt, und die vermutlich auch den ersten ¡PhunrahR8-Meditationsergebnissen der Kelten entsprachen.

Der blaue Daumen

Vielen PhunrahRtis gilt der blaue Daumen als allgemein anerkanntes Erkennungszeichen. Speziell auf Ausstellungen und in Museen sieht man bei Besuchern immer häufiger die verschiedensten Variationen blauer Daumen. Dabei tragen PhunrahRtis den blauen Daumen in der Regel an der Hand, die sie hauptsächlich zur Schaffung ihrer Werke nutzen bzw. mit der sie die wesentlichen Arbeiten an einem Bild oder einer Skulptur ausführen.

Den blauen Daumen gibt es in den unterschiedlichsten Ausprägungen:

Blauer Stempeldruck:

Der Klassiker unter den blauen Daumen. Dabei wird der Daumen einfach in blaue Farbe gedrückt, wobei es sich möglichst nicht um ein Stempelkissen handeln sollte, da dies zu sehr an ein Büro oder eine Amtsstube erinnert.

Blau lackierter Fingernagel:

Eine einfache, gut sichtbare und länger anhaltende Methode, die von Frauen und Männern gleichermaßen häufig genutzt wird. Frauen tragen den blauen Daumennagel in der Regel als Kontrast zu den anderen lackierten Fingernägeln, die meisten Männer lackieren sich dagegen nur den einen Daumennagel.

Aufgemalter blauer Apfel auf Daumenunterseite oder entsprechend lackierter Daumennagel:

Dies ist ein direkter Bezug auf die verschiedensten Geschichten, in denen blaue Äpfel eine Rolle spielen, und zeigt das Selbstbewusstsein, sich seiner eigenen kreativen Kräfte sicher zu sein.

Aufgemalte blaue Blume auf Daumenunterseite oder entsprechend lackierter Daumennagel:

Ein Zeichen, dass man sich entweder besonders der Natur oder der Romantik verbunden fühlt.

Aufgemalter Knubbelstock auf Daumenunterseite oder entsprechend lackierter Daumennagel:

Klares Bekenntnis zu den Ursprüngen von ¡PhunrahR8 sowie zur reinen Naturmeditation (brauner Knubbelstock).

Aufgemaltes P8 Symbol auf Daumenunterseite oder entsprechend lackierter Daumennagel:

Klarer kann man seinen Bezug zu ¡PhunrahR8 nicht zeigen.

Ferner sieht man häufig noch die 8, Ps, PhunvahRs, Scheltopusiks, Wagenräder, Hammer oder auch Birnen.

Totenbrauchtum

Das keltische Grabbrauchtum zeigt eine deutliche Kontinuität bei der Benutzung vorhandener Nekropolen, wobei die eigentlichen Riten bei Begräbnissen aus den archäologischen Funden nur schwer herauszulesen sind. Zerschlagene Tongefäße (Weinamphoren), Waffen und Gegenstände des täglichen Lebens als Grabbeigaben, Hinweise auf Konservierung des Leichnams sowie die Beigabe von ¡PhunrahR8-Stöcken deuten auf besondere Zeremonien bei der Grablegung hin. Im Grab eines besonders angesehenen PhunrahRtis, der den heutigen Rang eines ¡PhunrahR8 -Meisters innegehabt haben dürfte, fand sich sogar ein reich verzierter kobaltblauer PhunrahR-Stock.

In besonderen Krisenzeiten sollen in Ausnahmefällen sogar Gräber geöffnet und Ellenknochen ehemaliger PhunrahRtis für intensive Gruppenmeditationen genutzt worden sein. Es durften dafür aber immer nur Knochen aus der eigenen Sippe und nie Feindesknochen genutzt werden.

Gewürznelken

Der Gewürznelken-Baum ist ein immergrüner Baum, der zur Familie der Myrtengewächse gehört, und auf mehr als 10 Meter anwachsen kann. Die Gewürznelken sind die stark duftenden und brennend scharf schmeckenden getrockneten Blütenknospen, wobei die Pflanzenart ursprünglich auf den Molukken beheimatet war. Mittlerweile werden sie aber weltweit angebaut.

In Europa kannte man Gewürznelken bereits seit dem frühen Mittelalter, wo sie ein Symbol der Passion Christi waren, da die Form von Blatt und Frucht bildhaft als Nagel angesehen wurde. Die Bezeichnung Nelken oder Nägeli (aus dem Niederdeutschen: Negelkin für Nägelchen) kommt von der an Nägel erinnernden Form der Knospen. Im Zusammenhang mit ¡PhunrahR8 spricht man aufgrund ihrer an kleine Knubbelstöcke erinnernden Form heutzutage auch immer häufiger von ¡PhunrahR8-Nägelchen.

Gewürznelken erfreuen sich zudem besonderer Beliebtheit unter den PhunrahRtis, da ihre Knospen vor dem Erblühen von Hand gepflückt werden und dieser manuelle Akt des Pflückens als besondere Erdverbundenheit angesehen wird.

Für den Geruch, Geschmack und die Wirkung von Gewürznelken sind die in ihnen enthaltenen ätherischen Öle verantwortlich, deren Anteil bis zu 15 % ausmacht, wovon der wesentliche Bestandteil mit 70 bis 80% Eugenol ist, das auch in Zimt vorkommt. Speziell auf die dem Eugenol innewohnende betäubende Wirkung, die durch Kauen auch als Hausmittel gegen Zahnschmerzen genutzt wird und zudem gegen Mundgeruch helfen soll, wird gerne bei ¡PhunrahR8-Sitzungen zurückgegriffen; d.h. wenn man während der Meditation kauende PhunrahRtis beobachtet, ist die Wahrscheinlichkeit groß, dass sie Gewürznelken im Mund haben, zumal das Kauen von Kaugummis während der Meditation als unpassend und unfein angesehen wird. Bei der kreativen Entfaltung dagegen spielen die Hilfs- und Stimulationsmittel keine Rolle. Hier ist alles erlaubt, was Spaß macht und hilft.

Da die Gewürznelken wegen der genannten ätherischen Öle gegen Ungeziefer und Krankheitserreger eingesetzt wurden, sollen sie den Meditierenden nicht nur im übertragenen Sinne gegen sämtliche schädlichen und störenden Einflüsse während des Meditations- und Kreativprozesses schützen.

Die indonesischen Zigaretten Kretek (auch als Nelkenzigaretten bekannt) enthalten neben Tabak einen erheblichen Anteil geschroteter Gewürznelken. Diese Zigaretten sind bei PhunrahRtis sehr beliebt und werden manchmal auch während ¡PhunrahR8-Sitzungen geraucht. Bei Gruppendiskussionen werden die Zigaretten in der Runde weitergereicht (beispielsweise im Takt des Werkewechsels) und gemeinsam genossen.

In dem Volksgedicht Guten Abend, gut' Nacht erscheinen Nelken unter der Bezeichnung „Näglein". Es handelt sich hierbei um ein seit Beginn des 19. Jahrhunderts bekanntes Gedicht deutschsprachiger Volkspoesie. Die Vertonung von

Johannes Brahms unter dem Titel Wiegenlied machte es zu einem der bekanntesten Schlaflieder.

Die erste Strophe erschien dabei erstmals 1808 unter dem Titel Gute Nacht, mein Kind! im dritten Band der von Achim von Arnim und Clemens Brentano herausgegebenen Sammlung Des Knaben Wunderhorn, wobei der hochdeutsche Text von Brentano verfasst wurde. Als unmittelbare Vorlage gilt eine niederdeutsche Textfassung, die 1800 in Johann Friedrich Schützes Holsteinischem Idiotikon erschienen war.

Zu einem nicht genauer bestimmbaren Zeitpunkt wurde eine Abwandlung der ersten und zweiten Strophe bekannt:

1. Strophe

> Heute wieder ¡PhunrahR8 gemacht
> hat mir Visionen gebracht
> das Bild vom Näglein bedeckt
> wurde meine Kreativität geweckt
> auch wenn das Näglein sehr klein
> erfüllt es gut seinen Zweck

2. Strophe

> Und wieder ¡PhunrahR8 gemacht
> die Kreativität auf's Neue erwacht
> es ist wie ein bunter Traum
> der blaue Apfel vom Kreativbaum.
> Wenn ich vom Meditiern erwacht,
> hab ich große Kunstwerke gemacht.

Die Motivik bezieht sich dabei direkt auf die Geschichte vom blauen Apfel.

Schlangenholz (Brosimum guianense)

Broimum guianense, ein immergrüner Laubbaum, der auf Deutsch auch als Schlangenholz oder Letternholzbaum bezeichnet wird, ist eine südamerikanische Baumart, die zur Familie der Maulbeergewächse gehört und eine Wuchshöhe bis zu 45 Meter erreicht. Das Holz ist feinporig, rotbraun und durch schwärzliche radiale Streifen durchzogen, die der Pflanze ein schlangenartiges Aussehen geben. Diese besondere Struktur ist einer der Gründe, warum Knubbelstöcke häufig aus diesem Holz geschnitzt werden. Die Bezeichnung Letterwood (auf Deutsch Buchstabenholz) kommt von der außergewöhnlichen Fleckung, die an unleserliche Buchstaben erinnert. Gerade diese kreative Spielart der Natur steigert für viele PhunrahRtis die Attraktivität dieses extrem teuren Holzes. Aus qualitativer Sicht gehört das Schlangenholz zu den härtesten und abriebfestesten Hölzern auf dem Weltmarkt. Dementsprechend wird es vor allem für spezielle Drechslerarbeiten wie Schirm- und Stockgriffe, Billardqueues, Knubbelstöcke oder Bögen für Streichinstrumente genutzt.

KPM Königliche Porzellan-Manufaktur Berlin

Ob und inwieweit das Zepter auf dem Knubbelstock basiert, ist bisher noch nicht bekannt. Es gilt allerdings als sehr wahrscheinlich, dass bei der Auswahl des Logos der Königlichen Porzellan-Manufaktur Berlin ¡PhunrahR8 eine gewisse Rolle gespielt haben könnte, zumal man davon ausgeht, dass einige der Künstler ihre Modelle nach ¡PhunrahR8 -Meditationen entwickelt hatten. Das königliche Zepter als Markenzeichen geht zurück auf Friedrich den Großen, der mit der Übernahme der Manufaktur ihr auch ihren Namen gab. Man kann das Zepter, das einem verzierten Knubbelstock nicht unähnlich ist, durchaus als Symbol für einen langanhaltenden und stetigen Kreativfluss innerhalb der Manufaktur deuten. Interessant ist auch die Entwicklung eines neuartigen Farbtons der ¡PhunrahR8 -Farbe Blau (Bleu mourant = sterbendes Blau) auf Wunsch Friedrichs, der damit das von ihm geschätzte zarte Blau, das auch in seinen Privaträumen in Schloss Sanssouci vorherrscht, auf sein Lieblingsservice Neuzierat übertragen ließ.

Öffentlich zugängliche Werke

Kunst, die vom Künstler zur Veröffentlichung gedacht wurde, ist ein Gebrauchsgegenstand und gehört, sofern sie von der Öffentlichkeit angenommen wird, allen, die dafür ein Interesse aufbringen.

Museen nutzen Kunst, um sie zu dokumentieren, zu konservieren, der Öffentlichkeit zu präsentieren, sie durch die Betrachter deuten zu lassen, das Publikum zu belehren und um die Menschen an Dingen, die im Rahmen von Kreativprozessen von Menschen geschaffen wurden, zu erfreuen.

¡PhunrahR8 nutzt öffentlich zugängliche Kunst, um gezielt auf bereits materialisierte kreative Flüsse, welchen Ursprung sie auch haben mögen, aufzubauen und damit den inneren Kreativprozess des Meditierenden anzustoßen, um selbst Werke zu schaffen. Für diesen, den kreativen Akt, ist nicht das Deuten oder Belehren, sondern der lebendige Kontakt mit der Kunst bzw. das Zwiegespräch mit dem Künstler über sein Werk erforderlich. Aus moderner Sicht kann man den Knubbelstock auch wie ein Mikrophon sehen, mit dem man den Künstler still über sein Werk interviewt. ¡PhunrahR8 baut auf die kreative Kraft und den kreativen Kontakt mit dem Werk.

Nebenwirkungen

Bei den bisher bekannten Nebenwirkungen ist die ungezügelte Kreativität hervorzuheben. Es soll PhunrahRtis gegeben haben, die nach intensiver Meditation einen massiven und nicht zu stoppenden Kreativitätsschub bekamen, sich die nächstbesten Materialien geschnappt und spontan außergewöhnliche Kunstwerke geschaffen haben.

Nachtmeditation

Es ist zwei Uhr morgens. Ich bin aufgewacht und finde nicht zurück in die Welt der Träume. Mir gehen zu viele Gedanken durch den Kopf. Gedanken, die sich während des Tages angesammelt haben und die ich nicht zu- und einordnen konnte. Mir ist klar, wenn ich jetzt nicht aufstehe, sind sie erst einmal wieder weg und werden zu verlorenem Kreativpotential. Das wäre eine unnötige Verschwendung. Ich schlage die Decke zurück, stehe auf und hole ein sehr buntes Bild vom Zeichentisch. Dies stelle ich auf die Staffelei und klemme bewusst eine Taschenlampe anstelle meines ¡PhunrahR8-Stocks davor. Der Strahl der Lampe ist auf die Decke gerichtet, wodurch das Bild zwar im Hintergrund sichtbar ist, die Farben sich aber nicht gegen die Dunkelheit durchsetzen können und dunkle Schemen erzeugen. Erst bei genauerem Hinsehen lassen sich einzelne Farbeffekte erfassen und Abstufungen sowie Übergänge erahnen. Ich entscheide mich gegen Chanten oder Musik und setze mich einfach ruhig vor das Bild. Es ist sicherlich auch meiner Müdigkeit geschuldet, dass ich dabei in eine Art Trancezustand versinke und wesentlich länger als die empfohlenen acht Minuten vor dem Bild verharre.

Nachdem ich fertig bin, ersetze ich das Bild durch eine weiße Leinwand, richte den Strahl der Lampe auf die Leinwand und skizziere die Gedankenbilder auf der Leinwand. Es sind viele Gedanken und die Skizzen gehen mir so gut von der Hand, dass ich einzelne Skizzen im Anschluss größer auf weitere Leinwände übertrage und sie koloriere. Ohne eine weitere Meditationseinheit vornehmen zu müssen, reicht mein kreativer Output, um die restliche Nacht durchzuarbeiten. Am Morgen halte ich dann müde aber stolz mehrere fertige Werke in meinen Händen und erkenne in einzelnen Szenen durchaus Gedankenstrukturen, die mich nachts wachgehalten hatten.

Als Variante setze ich mich in anderen Nächten auch manchmal an den Schreibtisch und fasse die Bilder in Worte. Häufig entstehen daraus schlüssige Geschichten und nicht selten finden die Beschreibungen zudem später auch einen Platz auf einer Leinwand. So geht nichts verloren und der kreative Output sichert mir zudem auch neues Material für weitere ¡PhunrahR8-Meditationen.

Der Traum

Tage später versuche ich vor dem Einschlafen noch ¡PhunrahR8 zu praktizieren, werde aber bereits bei der Meditation müde und schaffe anschließend gerade ein paar einfache Skizzen. Ich lege den Stift aus der Hand und gebe mich dem einsetzenden Schlummer in dem Wissen hin, dass mein kreativer Output zumindest im Ansatz dokumentiert und damit gesichert ist. Anschließend falle ich in einen unruhigen Schlaf, der mich später in eine sehr real wirkende Traumsequenz führt.

Einer Eingebung folgend blicke ich in den Himmel über mir. Dunkle, regenschwangere Wolken ziehen sich zusammen und drohen mir stumm mit einer gewaltigen Entladung. Obwohl es eigentlich die Mittagszeit sein sollte, ist der Himmel nun völlig schwarz. Die Welt um mich herum versinkt in Dunkelheit. Als sich meine Augen an die veränderten Lichtverhältnisse angepasst haben, schießt aus der Schwärze plötzlich ein heller Strahl direkt auf mich zu und hüllt mich ein. Mir ist sofort klar, dass er für einen Sonnenstrahl zu hell und zu weiß und für einen Blitz zu lange anhaltend ist. Obwohl ich nicht verstehe, was passiert, starre ich einem Instinkt folgend wie gebannt nach oben auf der Suche nach dem Ursprung des Lichts. Angangs kann ich nicht das Geringste erkennen und die Helligkeit schmerzt in meinen Augen. Dennoch schaffe ich es, nicht meine Augen zu schließen und starre wie hypnotisiert in das gleißende Nichts.

Dann sehe ich ihn plötzlich. Mir ist nicht klar, ob er gerade erst aufgetaucht ist, oder sich schon eine ganze Weile auf mich zubewegt. Langsam wird der Fleck größer und beginnt Gestalt anzunehmen. Je näher er dabei kommt, desto klarer werden die Umrisse eines menschlich erscheinenden Wesens, das in der Linken einen großen Hammer und in der Rechten ein Wagenrad hält. Ich kann die Gegenstände nun deutlich erkennen und aus einem für mich nicht greifbaren Grund wird mir klar, dass es sich um Taranis handeln muss. Seine mächtige Gestalt schwebt mitten in dem Strahl und bewegt sich direkt auf mich zu. Nur wenige Meter über mir wird er plötzlich abgelenkt, blickt erschreckt nach oben und nimmt eine abwehrende Haltung ein. Dabei entgleitet ihm der Hammer und fällt direkt in meine Richtung. Zu jeglicher Bewegung unfähig, stehe ich nur da und starre auf das steinerne Ungetüm, das immer größer und schneller wird. Dann schließe ich die Augen und warte darauf, dass mir der Hammer den Kopf zerschmettert. Meine geschlossenen Lider führen mich zurück in die Dunkelheit. Mit einem Mal fühle ich mich seltsam sicher und warte. Doch nichts passiert. Der Hammer hätte mich eigentlich schon längst getroffen haben müssen. Was war passiert? War was passiert? Hatte ich den Moment gar verpasst? War ich noch ich? Vorsichtig öffne ich die Augen und sehe wie Taranis, mittlerweile wieder weiter entfernt, immer noch der unsichtbaren Quelle zugewandt, mit dem Rad, das er nun in beiden Händen hält, irgendetwas von oben Kommendes abwehrt bzw. abzuwehren versucht. Dann verschwindet die Szene plötzlich hinter einer dunklen Wolke, die auch die Lichtquelle zum Erlöschen bringt. Mit der schlagartig einsetzenden Dunkelheit öffnet der Himmel seine Schleusen und es folgt ein kurzer intensiver Platzregen, wie ich ihn noch nie zuvor erlebt habe, und als die Wolke offensichtlich leergeregnet ist, wird der Himmel schlagartig wieder blau und ich spüre nun erstmals die wärmenden Strahlen der Mittagssonne.

Obwohl ich vom Scheitel bis zur Sohle durchnässt bin, verstehe ich nicht, was soeben passiert ist. Erst als die Nässe in meine Schuhe dringt, registriere ich die große Pfütze, die sich um mich herum gebildet hat. Dabei fällt mein Blick auch erstmals auf den überdimensionalen Hammer, der direkt vor mir in der Erde steckt und dessen Stiel mich ein wenig überragt. Offensichtlich war ich so abgelenkt gewesen, dass ich nicht einmal dieses Monstrum direkt vor meinen Füßen bemerkt hatte. Der Hammer ist weiß und wirkt komplett wie aus Marmor gemeißelt, wobei sich die Marmorierung bei näherem Betrachten als eine mit dünner Feder gezeichnete, den gesamten Hammer überziehende, künstlerische Arbeit herausstellt.

Als ich aufwache, bin ich völlig nassgeschwitzt. Ohne mein T-Shirt oder meine Hose zu wechseln, gehe ich direkt zu meinem Schreibtisch, um die Traumsequenzen zu skizzieren. Dabei achte ich auf jedes Teil und vergesse selbst das Kunstwerk auf dem Hammer nicht. Dann lege ich mich erschöpft zurück ins Bett und schlafe tief und traumlos weiter. Am nächsten Tag mache ich mich unverzüglich an die Arbeit und baue den Hammer aus Ton, mit weißer Glasur, in die ich die Verzierungen direkt einarbeite, in Knubbelstockgröße nach. Dieser Hammer war von da an mein bevorzugtes Meditationshilfsmittel.

Quellen

Die dargestellten historischen Zusammenhänge und Interpretationen lassen sich technisch gesehen durchaus mit den Methoden des antiken griechischen Geschichtsschreibers Herodot von Halikarnass, auch bekannt als "Vater der Geschichtsschreibung", vergleichen. Bei ¡PhunrahR8 umfasst die methodische Spannbreite ebenso persönliche Nachforschungen und Einschätzungen, kritische Reflexionen sowie auf Wahrscheinlichkeiten gegründete spekulative Vermutungen und Interpretationen historischer Quellen. Wo bei Herodot "der Maßstab für die Vorstellung der eigenen Geschichte" im Vordergrund stand, ist es bei ¡PhunrahdR8 "die schlussfolgernde Einschätzung und Interpretation historischer Ereignisse und Möglichkeiten, einerseits zur Vervollständigung der geschichtlichen Hintergründe sowie andererseits zur weiteren Entwicklungsmöglichkeit von ¡PhunrahR8".

Darüber hinaus basieren eine Vielzahl von Informationen sowie einzelne Textpassagen auf Informationen aus dem Online-Lexikon Wikipedia.

Epilog: Zurück im Kunstgarten

Und das Mädchen und der Junge standen staunend vor einem einst mächtigen Apfelbaum, von dem nur noch der ungewöhnlich große, vom Rauch geschwärzte Stamm sowie einige verkohlte Äste übriggeblieben waren. In der Mitte des Stammes klaffte auf Augenhöhe ein Loch in der Form eines senkrecht stehenden Ovals. Durch dieses Oval hatten sich die beiden, die von entgegengesetzten Seiten zu dem Baum geirrt waren, auch zum ersten Mal angesehen. Dabei blickten sie sich direkt in die Augen und blendeten dabei die schmutzigen Lumpen, in die sie beide gekleidet waren, vollkommen aus. Erst als der Junge um den Stamm herumgekommen war und direkt vor dem Mädchen stand, registrierten sie, dass sie ein ähnliches Gemisch aus Kleidungs- und Plastikfetzen trugen, was allerdings kaum Schutz gegen den anhaltenden schwarzen Nieselregen bot. Ihre Füße steckten in selbstgemachten Schuhen mit Sohlen aus halbverbrannten Holzstöcken, die mit Schnüren, Gummis und Plastikfetzen notdürftig zusammengehalten wurden. Sie halfen nur bedingt gegen die vielen Splitter, die überall verstreut lagen und die man selbst bei einem vorsichtigen Vortasten in der anhaltenden Dunkelheit kaum sehen konnte. Für beide war es der erste lebende Mensch, der ihnen auf ihrer einsamen Reise durch die verschiedensten Stufen der Dunkelheit, die sie zu diesem Baum führte, begegnete. Als sie sich durch das Oval im Stamm ansahen, verstanden sie, dass diese Zusammenführung der Grund war, warum sie überlebt und die Strapazen einer Reise ohne eine wirklich greifbare Hoffnung auf sich genommen hatten.

Da ihnen kalt war und sie fühlten, dass es richtig war, gingen sie ohne auch nur ein Wort zu wechseln aufeinander zu und verfielen in eine lange und innige Umarmung. Es tat gut, den warmen Körper eines anderen Menschen zu spüren. Sie wussten, dass sie am Ziel ihrer Reisen, die jeweils in der Johannisnacht ihren Anfang genommen hatten, angekommen waren.

Wie lange sie unterwegs waren, wussten sie nicht, da es kaum einen Unterschied zwischen dem Dunkel der Tage und dem Schwarz der Nächte gab und sie ungeachtet der Uhrzeiten, die komplett ihre Bedeutung verloren hatten, entweder liefen oder rasteten. Wie sich später herausstellte, hatten ihre Reisen zwar an unterschiedlichen Orten, aber zum exakt gleichen Zeitpunkt ihren Ausgang gehabt. Beide waren weit voneinander entfernt fröhlich, aber unbeteiligt unter einem Apfelbaum gestanden und hatten die ausgelassenen Tänze um die Sonnwendfeuer beobachtet, als plötzlich die Sonne erwachte und als ungebetener Gast zu den Feiernden hinzustieß. Als hätte man einen versteckten Lichtschalter betätigt, wurde es von einem Augenblick auf den anderen taghell. Doch bevor sich die Menschen auf diese Situation einstellen konnten, hatte die Helligkeit auch schon an Intensität zugenommen, war zu einem gleißenden Licht mutiert, um im nächsten Moment wieder zu erlöschen. Es folgten mächtige Flammen, welche zwar nicht die Intensität der vorangegangenen Quelle erreichten, nun aber die Nacht weiter erleuchteten. Die Feuer hatten sich ausgebreitet und die ganze Gegend entzündet. Die Menschen, die eben noch fröhlich die Flammen der Johannisfeuer beobachtet hatten, liefen nun selbst als lebende Fackeln panisch und schreiend durch die Gegend.

Aus einem unerklärlichen Grund waren aber die Bäume, unter denen das Mädchen und der Junge gestanden hatten, verschont geblieben und hatten damit die Beiden vor den Flammen bewahrt. Obwohl um sie herum alles niederbrannte, konnten die Flammen sie nicht erreichen. Instinktiv drückten sie sich eng an ihre Bäume und verbrachten die restliche Nacht in deren Schutz.

Am Morgen, oder das was sie dafür hielten, machten sie sich dann ohne zu zögern unter einem von dichtem Rauch verdunkelten Himmel auf den Weg. Von der ihnen bekannten Welt war nichts übrig geblieben und lediglich die verkohlten Reste einzelner Keller ließen Rückschlüsse darauf zu, dass hier einmal Menschen gelebt hatten. In diesen Kellern fanden sie in gut geschützten Ecken gerade so viel Nahrung und Wasser, wie sie zum Überleben benötigten. Kleidung dagegen ließ sich kaum finden und da sich der Rauch in einer engmaschigen Decke über die Erde gelegt hatte und kaum noch Sonnenlicht durchließ, was auch zu einer deutlichen Abkühlung führte, nutzen sie jeden halbwegs brauchbaren Stoff- und Plastikfetzen, um sich gegen die Kälte und den Nieselregen zu schützen.

Als sie sich voneinander lösten, lenkte eine kaum wahrnehmbare Bewegung ihre Aufmerksamkeit auf einen kornblumenblauen Scheltopusik, der aus der Spitze des offensichtlich ausgehöhlten Stammes kommend bedächtig auf das Oval zuschlängelte und die Beiden ohne Umschweife ansprach:

Mein liebes Mädchen, mein lieber Junge,
sag ich mit meiner Schleichenzunge.
Wohl euch, denn ihr seid dahin gekommen,
wo die Geschichte ihren Anfang genommen.
Im Kunstgarten vor dem Dreifarbenbaum,
hier begann und endete einst der Traum.

Ein Mädchen und ein Junge standen hier
und kosteten vom verbotenen Elixier.
Darauf wurden sie vom Wind vertrieben,
die Äpfel blieben am Boden liegen.
Der Garten wurde dann geschlossen,
bis die Menschheit alles zerschossen.

Euch hat das Schicksal zusammengebracht,
damit ihr einen neuen Anfang macht.
Sucht nun die Äpfel verkohlt und klein,
grabt sie in der verbrannten Erde ein.
Gebt zurück, was einst genommen
und ihr werdet alles neu bekommen.

Dann wandte er sich ab und schlängelte seinen langen blauen Körper in das ovale Loch, bis er von diesem komplett verschluckt war, um im nächsten Moment noch einmal seinen Kopf herauszustrecken. Die Beiden blickten wie gebannt auf seine gelbe Unterseite, die wie eine kleine längliche Sonne zu strahlen schien. Erst jetzt wurde ihnen bewusst, dass das Blau und das Gelb des Scheltopusiks die einzigen erkennbaren Farben waren. Ansonsten war die Welt, wie auch sie selbst, in ein schmutziges Dunkelgrau gekleidet. Der Scheltopusik blickte sie einen Moment lang interessiert und nachdenklich an, bevor er noch einmal das Wort ergriff:

Es fehlt das Ende noch von meinem Reim,
denn ein Hinweis darf nicht vergessen sein.
Brecht den letzten Ast und macht ihn klein,
einst Verführer will ich nun der Retter sein.
Steckt ihn zu den Äpfeln in die Erde hinein,
Kreativität soll die verdiente Belohnung sein!

Dann zog er sich zurück und war endgültig in dem Oval verschwunden. Gedankenverloren starrten das Mädchen und der Junge noch eine Weile auf die Öffnung, bevor sie ihre Blicke verlegen zum Boden senkten. Da erst registrierten sie, dass sie inmitten von zwei exakten miteinander zu einer Acht verbundenen Kreisen aus kleinen vertrockneten Äpfeln standen. Doch obwohl die Äpfel auf den ersten Blick in einem bedauernswerten Zustand und alles andere als genießbar erschienen, wirkten sie bei näherer Betrachtung dennoch seltsam gesund und lebendig. Zudem ging von ihnen ein seltsames Leuchten in den Farben Gelb, Rot oder Blau aus.

Das Mädchen reagierte als erstes. Sie trat mit einem forschen Schritt aus der Acht heraus, riss den einzigen in Frage kommenden Stock, der etwa die Länge einer Elle hatte und am Ende einen runden Knubbel aufwies, vom Baum und begann, mit der scharfkantigen Bruchstelle kleine Löcher in den Boden zu stechen.

Der Junge beobachtete sie erst eine Weile schweigend, bevor auch er aus seinem Kreis heraustrat, die Äpfel aufsammelte, in die Löcher steckte und diese mit der verbrannten Erde wieder verschloss. So arbeiteten die Beiden für mehrere Stunden schweigend nebeneinander und obwohl sie eigentlich sehr hungrig waren, widerstanden sie der Versuchung, von den schimmernden Äpfeln zu kosten, und pflanzten sie allesamt ein. Dann sanken sie nebeneinander zu Boden, fielen in einen tiefen Schlaf und träumten von bunten paradiesischen Gärten mit ausgesucht schönen exotischen Pflanzen und Früchten im Überfluss.

Es war ein starker warmer Regen, der sie aus ihren Träumen zurückholte. Als sie die Augen aufschlugen, konnten sie zum ersten Mal seit langer Zeit ihre Umwelt wieder deutlich wahrnehmen. Einzelne Sonnenstrahlen hatten sich ihren Weg durch die dunkle Decke, die seit dem großen Knall über der Erde hing, gebahnt und wurden von den klaren Regentropfen reflektiert. Voller Freude über den ersten sauberen Regen rissen sie sich die Lumpen von den Körpern und begannen sich ausgiebig zu duschen. Anfangs waren sie noch zögerlich, doch bereits nach kurzer Zeit stimmte Mädchen ein Lied an und begann dazu zu tanzen. Der Junge, der das Lied zwar nicht kannte, sprang erst etwas ungelenk umher, bevor er schließlich lautstark in den Refrain einstimmte. So sangen und tanzten sie, bis der Regen nachließ, und obwohl sie mittlerweile komplett außer Atem waren, wiederholten sie noch mehrmals den Refrain:

Wenn der Regen kommt, wenn der Regen kommt
ja dann wird alles gut
Denn die Erde dann ein neues Kleid bekommt
ja der Regen tut ihr gut

Anschließend fielen sie sich lachend in die Arme und begannen erstmals eine Art Konversation. Da sie allerdings schon lange nicht mehr mit anderen Menschen gesprochen hatten, ließen sie einfach alles herausprudeln, was ihnen gerade durch den Kopf ging, was teils zu einem wirren unverständlichen Geplapper führte, was ihnen aber vollkommen egal war. Das ging bis in den frühen Abend so und erst als sie auf den großen Knall zu sprechen kamen, versagten ihnen plötzlich ihre Stimmen und sie verstummten. Schweigend und nackt legten sie sich nebeneinander auf den vom langen Regen aufgeweichten Boden und starrten gedankenverloren in die hereinbrechende Dunkelheit. Ohne ein weiteres Wort zu wechseln oder sich noch einmal anzusehen, fielen sie in einen tiefen traumlosen Schlaf.

Der folgende Morgen brachte neue Veränderungen mit sich. Zu ihrer Überraschung hatten weitere Sonnenstrahlen ihren Weg zu ihnen gefunden und ähnlich einem weiter aufgedrehten Dimmer ein stärkeres Licht erzeugt. Die Beiden lagen zudem auch nicht mehr auf der blanken Erde, denn über Nacht hatte sich ein dichter weicher Moosteppich unter ihren Körpern gebildet. Hoch erfreut über diese positiven Entwicklungen standen sie auf und begannen ihre Umgebung zu erkunden. Wie sich herausstellte gab es in der Nähe einen kleinen Teich mit kristallklarem Wasser. Um den Teich herum fanden sich kleine Sträucher mit den verschiedensten Beeren. Obwohl ihnen die Beeren gänzlich unbekannt waren, fühlten sie instinktiv, dass sie genießbar sein würden und veranstalteten ein kleines Festmahl, bei dem sie sich langsam kennenzulernen begannen. Als die Dämmerung hereinbrach, gingen sie zu ihrem alten Schlafplatz zurück und sahen mit Erstaunen, dass die Äpfel bereits erste Triebe durch die Erde geschoben hatten.

Der nächste Morgen führte weitere Überraschungen mit sich. Der Tag war noch heller als der Vorangegangene und aus den Trieben waren über Nacht kleine Bäume geworden. Zum ersten Mal hörten sie in der Ferne leises zartes Vogelgezwitscher. Erneut machten sie sich zu dem kleinen Teich auf und verloren sich in langen Gesprächen. So brachte jeder folgende Morgen neue Überraschungen und sie erlebten, wie sich ihre Umgebung im Zeitraffer veränderte.

Am achten Morgen fanden sie sich schließlich in einem bunten exotischen Garten mit einer üppigen Vegetation und einer Vielzahl von Tieren wieder. Aus den noch vor wenigen Tagen gepflanzten Äpfeln waren mächtige Apfelbäume geworden, die allesamt köstliche gelbe, rote und blaue Äpfel trugen. Lediglich außerhalb des Gartens, der groß genug war, um vielen Menschen einen neuen paradiesischen Lebensraum zu bieten, war die Landschaft noch eine karge Wüstenlandschaft ohne sichtbares Leben.

Mittweile hatten sich die Beiden auch gut kennengelernt und eine tiefe Vertrautheit miteinander entwickelt. Sie hatten sich zwar bisher nur spielerisch berührt, aber es war offensichtlich nur noch eine Frage der Zeit, bis sie bereit waren, tiefer zu gehen.

Es war das Mädchen, das die Sprache auf den Scheltopusik brachte: Sag einmal, was ist denn eigentlich aus diesem seltsamen sprechenden Scheltopusik geworden? Warum ist er einfach so verschwunden? Ich habe keine Ahnung und ich kann mich auch kaum noch an seine Worte erinnern, erwiderte der Junge nachdenklich. Ich glaube, er hatte davon gesprochen, dass wir den Ast mit dem Knubbel abbrechen und ihn klein machen sollten? Seinem Rat folgend hatte ich den Ast auch vom Baum geholt und klein wurde er durch das Graben der Löcher von selbst. Hatte er nicht auch erwähnt, dass er ein Retter sein wolle? fragte der Junge. Ja, was vermuten lässt, dass er davor ein Verführer war, erwiderte das Mädchen. Beide dachten eine Weile still nach, konnten aber mit dieser Aussage nichts anfangen. Da sie aber sowieso keine Alternative hatten, beschlossen sie, seinen Worten Glauben zu schenken und seinem Rat Folge zu leisten, und der Junge hatte plötzlich auch eine Idee, wie der Hinweis zu verstehen sein könnte: Ich hab's! Jetzt fällt es mir wieder ein! Er wollte, dass wir den Stock zu den Äpfeln in die Erde stecken! Seine letzten Worte waren: Kreativität soll die verdiente Belohnung sein! Komm lass es uns probieren und den Stock in den Boden stecken! Mal sehen, was passiert! Ja, aber nicht hier, denn das Gras ist mittlerweile zu hoch und wir würden ihn gar nicht sehen. Lass uns raus in die Wüste gehen und es dort versuchen! schlug das Mädchen vor.

Es dauerte eine Weile, bis sie den Stock, den sie nach den Grabungen achtlos zur Seite gelegt hatten, wieder fanden. Im Gegensatz zu seiner Umgebung hatte er sich nicht verändert. Er war immer noch schwarz und verkohlt und lediglich die

Abrissstelle vom Baum hatte durch das Graben eine schöne Rundung angenommen.

Stecke den Stock zu den Äpfeln in die Erde, murmelte der Junge vor sich hin. Dann wandte er sich an das Mädchen. Wenn wir in die Wüste gehen, dann brauchen wir auch Äpfel, die wir zu dem Stock gesellen können. Lass uns noch zwei weitere, gleichlange Stöcke und zwei von den üppigen blauen Äpfeln mitnehmen! Der Junge war nun ganz aufgeregt.

Draußen in der Wüste brannte die Sonne, denn der Himmel war mittlerweile völlig klar und wolkenlos. Da sie nichts zu trinken mitgebracht hatten und das Mädchen sehr durstig war, nutzte sie einen unbeobachteten Moment und biss heimlich ein Stück aus ihrem Apfel heraus. Der Apfel war so saftig, dass ihr ein Teil der Flüssigkeit über ihr Kinn lief. Verlegen schob sie den Fruchtsaft mit ihrem Handrücken zurück in den Mund. Den angebissenen Apfel hielt sie so, dass der Junge die angebissene Seite nicht sehen konnte. Als sie sich eine gute Strecke von ihrem neu gewonnen Paradies entfernt hatten, stoppte der Junge und rammte den Knubbelstock in den ausgedörrten Boden. Dann sagte er dem Mädchen, sie solle ihren Stock unten in den Apfel stecken. Das Mädchen erkannte die dargebotene Möglichkeit, ihre Tat zu vertuschen, und steckte den Stock einfach in das angebissene Stück, wobei sie den Apfel versehentlich ganz durchstieß. Der Junge sah sie kurz mit einem Augenzwinkern an, zuckte lächelnd mit den Schultern und stieß auch seinen Stock ebenfalls quer durch seinen Apfel. Geschickt fing er dabei das herausquellende Fruchtfleisch auf. Dann sahen sie sich an, begannen zu lachen und ließen sich das herausgestoßene Fruchtfleisch schmecken. Anschließend zogen sie die Stöcke wieder heraus, steckten die Äpfel nun gerade auf ihre Stöcke und sahen durch die Löcher in Richtung Kunstgarten, der beim Blick durch die kleinen Tunnel in ein seltsam blaues Licht getaucht war. Sie sahen lange auf ihre neue Heimat, die in der öden Landschaft noch viel schöner und mächtiger wirkte. Selbst die Welt, in der sie vor dem grellen Licht gelebt hatten, hätte sich mit dieser Schönheit nicht messen können.

Als sie nach einiger Zeit müde wurden, steckten sie die Stöcke rechts und links von dem Knubbelstock in den harten trockenen Boden und legten sich mit den Gesichtern dem Garten zugewandt, das Kinn auf ihren gefalteten Handflächen ruhend, hinter die Stöcke mit den aufgespießten Äpfeln. Dabei blickten sie allerdings nicht mehr durch die Löcher. Aus einer Laune heraus hatten sie die Stöcke um neunzig Grad gedreht und nun folglich die runden und unversehrten schmalen blauen Schalenstreifen der Äpfel im Blickfeld. Damit wurden die Äpfel wieder Teil des Gartens und es entstand der Eindruck, der Garten würde sich in ihre Richtung ausdehnen und weiteren Boden mit seiner grünen Vegetation bedecken. Die geschaffene Verbindung von Apfel und Garten wirkte auf eine seltsame Weise beruhigend auf sie. Das Gefühl aufgreifend begannen sie mehr unbewusst zu meditieren und versanken nach wenigen Momenten in einen tranceähnlichen Zustand, der später durch ein leises Chanten noch weiter vertieft wurde. Sie sprachen Mantras, die sie weder verstanden noch irgendwann zuvor gesprochen hatten. Ohne sich dabei abzustimmen, kamen ihnen die gleichen Worte über die Lippen, wobei die beiden Silben "phun" und "rahr" dominierten, die für sie aber keinerlei Bedeutung hatten.

Aus dem Chanten wurde ein leises Summen. Sie ließen ihre Gedanken um die Äpfel kreisen, welche vor ihren Augen ihre Umgebung weiter zu verwandeln begannen. Der klare Himmel und die Sonne veränderten sich und nahmen die Farbe der Äpfel auf. Ihr ganzes Umfeld war nun in ein einheitliches Blau gehüllt.

Vermutlich war es das Zusammenspiel der farblichen Veränderung in Kombination mit ihrer totalen Versunkenheit, was die angebissenen Apfelstücke erst die Form einer knospigen Blüte und im nächsten Moment einer aufgegangenen Kornblume annehmen ließ? Die Äpfel hatten sich vor ihnen in Kornblumen verwandelt und das Blau der Blüten begann sich langsam über die Stöcke auszubreiten. Die intensive geistige Schaffung der blauen Blume in Verbindung mit dem Garten als Hintergrund hatte einen plötzlichen und unglaublichen Kreativitätsschub zur Folge. Beide ereilte unabhängig voneinander die gleiche Vision von der Schaffung einer möglichen neuen Zivilisation, in der die Menschen die Früchte der Erde wieder genießen durften und in Einklang mit der Natur friedlich zusammen lebten. Noch halb in Trance zogen sie erst die Stöcke mit den Äpfeln aus dem Boden, legten die Äpfel auf die Seite und begannen wie von Sinnen ihre Visionen in den Sand zu zeichnen, wobei diese sich optimal ergänzten. Dann betrachteten sie den gemeinsam geschaffenen Entwurf, besserten ihn gemeinsam mit dem Knubbelstock noch ein wenig nach, standen langsam auf, steckten die Stöcke wieder in die Äpfel und machten sich auf den Weg.

Später, als sie zurück in ihrem Garten waren, aßen sie die Apfelreste, die sie nicht wegwerfen wollten, und ersetzten diese in Erinnerung an ihre Verwandlung in Kornblumen durch den Knubbelstock, den sie später liebevoll mit trockener Erde sauber abschliffen und ihn anschließend mit blauen Beeren einfärbten. Bei dem Knubbel gaben sie sich dabei besondere Mühe und grenzten mit künstlerischem Geschick die noch eingefalteten Blüten voneinander ab. Mit der Zeit wurde ihre Technik bei weiteren Knubbelstöcken sogar so gut, dass man die knospende Blüte, die ausschließlich aus Blautönen bestand, sehr gut erkennen konnte. Anschließend suchten sie noch einen weiteren Knubbelstock, den sie mit der gleichen Technik bearbeiteten. Später kamen weitere Stöcke hinzu.

Diese Stöcke nutzten sie nun gezielt zur Meditation, wobei ihnen immer wieder das Bild der blauen Blume, die der Kornblume, einem Relikt aus ihrem früheren Leben, entsprach, vor ihr inneres Auge führte, und schufen dank der einsetzenden Kreativitätsschübe aus dem Nichts Dinge jenseits ihrer bisherigen Vorstellungskraft. Damit legten sie den Grundstein für neue Generationen, die die Kreativität zum Wohle der Erde einsetzen würden. Alles, was noch kommen sollte, würde das Ergebnis von Kreativität sein – und damit von ¡PhunrahR8!

Ich danke

meiner Mutter Kristin Nevan für die Korrektur und kritische Überarbeitung des vorliegenden sowie meiner weiteren Texte

meiner Familie für ihre Unterstützung die Texte schreiben zu können und ihren Glauben an die Möglichkeiten und die Wirkung von ¡PhunrahR8

allen die sich für ¡PhunrahR8 interessieren und begeistern, besonders den Leserinnen und Lesern dieses Werkes

allen die ¡PhunrahR8 regelmäßig praktizieren und sich zu PhunrahRtis entwickeln

allen die helfen das Wissen um ¡PhunrahR8 weiter auszubauen und die Forschung voranzutreiben, ggf. sogar Meistergrade erwerben

allen die ¡PhunrahR8 lehren und weiter verbreiten

den Autorinnen und Autoren von Wikipedia

und den Künstlern ohne Vergangenheit!

Herstellung und Verlag:
BoD - Books on Demand, Norderstedt
ISBN 978-3-7392-1849-6

¡PhunrahR8 ist ein Fackellauf durch die Geschichte, bei dem der Stab (Knubbelstock) von Generation zu Generation weitergegeben wird.

Die erste Fackel wurde aller Wahrscheinlichkeit nach bei den Kelten entzündet und weitergereicht.

Es lässt sich nicht absehen, wo dieser Lauf endet bzw. wann die letzte Übergabe stattfindet und das finale Werk geschaffen wird.